U0106909

超

圖解

一分鐘心理學

壹心理・編著

非凡出版

因為你我不同
帶來了偏見和孤獨
用心理學連接起自我與世界！

編者的話

心理學對於普羅大眾，就像一顆洋蔥，包裹着雞湯，包裹着偽科學，包裹着傳聞。我們就像剝洋蔥的人，一層層剝開迷霧，越來越接近真相。心理學這顆洋蔥，如果你願意一層層剝開，可能會鼻酸、會流淚，但真實總會給你超越痛苦的安慰。

《超圖解一分鐘心理學》以個體與世界的連接為線索，共分五部分。第一部分是心理地圖，通過科普心理學基本常識還原心理學的真相，如「被誤解的心理咨詢」、「精神分析指南」；第二部分是觸碰世界，即運用心理學解讀社會現象，如「我在看你，你卻在看手機」、「奇妙的電梯禮儀」；第三部分為尋求連接，即用心理學來解讀親情、友情、愛情，如「喜歡和愛，究竟有甚麼區別？」；第四部分為失效的連接，去認識那些「有病」症候群到底是怎麼回事，如「抑鬱症這隻黑狗」、「自閉症者，孤獨得像一顆星球」。第五部分是有效的連接，用心理學改變生活，如「你看到的外界，都是你內心的樣子？」。

我們希望，通過《超圖解一分鐘心理學》，為讀者展現一個全新的世界——原來我們的內心世界是這樣的，原來我們是這樣愛上另外一個人的，原來我們與別人如此不同……你會發現，有了心理學，世界變得更有意思了。

一分鐘學點有趣、實用心理學

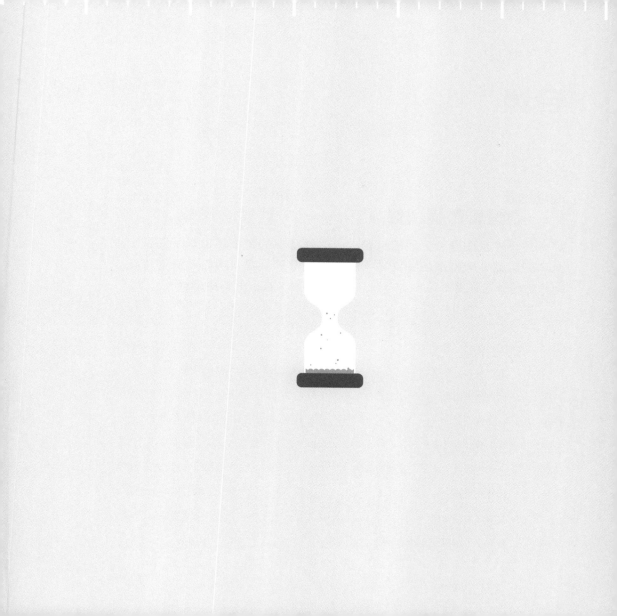

目錄

PART 1

心理地圖
——心理學常識科普

究竟甚麼才是心理學？通過科普基本的常識，來打破坊間流言，還原心理學的真實面貌。

P010　1.1　被誤解的心理學

P013　1.2　被誤解的心理咨詢

P018　1.3　精神分析指南

P022　1.4　關於催眠的事

P027　1.5　關於夢的那些事兒

P030　1.6　全世界最大的騙子，是你的記憶

P036　1.7　情緒是人格分裂嗎？

P041　1.8　失望是甚麼感覺？

P045　1.9　再見了，消極負面的心理學

PART 2

觸碰世界
——社會心理學

社會中的種種現象無不透露出心理學的氣息，用心理學的知識去體會，你會看得更清晰。

P052　2.1　我在看你，你卻在看手機

P055　2.2　奇妙的電梯禮儀

P060　2.3　為甚麼星座分析總是準到哭？

P065　2.4　只有死人才能保守秘密？

P071　2.5　聽說，你有一個很厲害的名字？

P075　2.6　用生命自拍是一種怎樣的體驗？

P081　2.7　噓，說出口的願望就不靈了？

P087　2.8　為自己唱一首單身情歌

PART 3

尋求連接
——關係心理學

親情、友情、愛情……一旦關涉到愛，就不再是對象的問題，而是能力的問題。愛是通往幸福之門，而心理學正是最好的鑰匙。

P094　3.1　關係天天都多

P099　3.2　我有一個內向／外向的朋友

P103　3.3　你與媽媽的關係將決定你的愛情？

P107　3.4　為何只在父親節，才會重視他？

P110　3.5　喜歡和愛，究竟有什麼區別？

P118　3.6　做娘娘腔、男人婆是怎樣的體驗？

P125　3.7　你我之間，只有一個謊言的距離

PART 4

失效的連接
——「有病」症候群

與其說人人都有病，不如說許多「病症」是源於我們的不了解。

P133　4.1　抑鬱症這隻黑狗

P137　4.2　自閉症者，孤獨得像一顆星球

P142　4.3　我有公主病，我任性怎麼啦？

P146　4.4　關於腐女的那些事兒

P150　4.5　「中二病」心理說明書

P155　4.6　你好，我是你們眼中的「宅宅」

目錄

PART 5

有效的連接
——用心理學改變生活

世界的模樣，取決於你凝視它的
目光。正確地運用心理學，我們
終將迎來更好的生活。

P162　5.1　你看到的外界，都是你內心的樣子？

P166　5.2　白日夢還是要有的，萬一實現了呢？

P169　5.3　你了解自己的溝通模式嗎？

P174　5.4　六個簡單姿勢點燃你的小宇宙

心理學常識科普

究竟甚麼才是心理學？

以科普常識打破坊間流言，

還原心理學的真實面貌。

1.1 被誤解的心理學

● 你知道我在想甚麼嗎？

描述、解釋、預測、修正人的行為是心理學工作的共同任務，對象是某一特定人群。心理學不等於讀心術或算命，心理學家也不能一眼就看穿你的內心世界。

● 心理學家一定會催眠

愛過

弗洛伊德

催眠是早期心理治療的法寶，弗洛伊德曾愛過它，後來因其局限而放棄。現時催眠在心理治療領域仍有一席之地，但大多數心理學家的工作不涉及催眠，傾向於實驗或行為觀察等更嚴謹的研究方法。

● 心理學就是心理咨詢

心理學所包含的研究領域甚為寬廣，主要分為基礎心理學和應用心理學兩大領域。除了心理咨詢師，心理學界還有很多「幕後工作者」。

● 心理學只研究變態

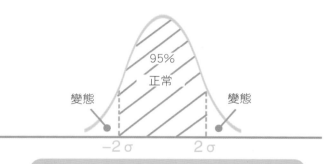

判斷正常與異常心理的統計學標準

在心理學範疇，變態指偏離正常人心理活動的心理和行為。其實大多數心理學研究的對象是正常人的心理活動規律；心理失常則與臨床心理學和精神病學有關。

● 心理學是偽科學

心理學是自然科學與社會科學的結合；兩千多年前，古希臘的先哲們就開始討論意識與靈魂，但直到 1879 年，馮特在德國萊比錫大學建立了世界上第一個心理學實驗室，才標誌着科學心理學的誕生。

馮特

研究方法： ● 實驗法 ● 觀察法 ● 調查法 ● 測驗法 ● 檔案法

● 心理學研究的是常識

從基礎學科到應用學科，人們從不同的視角研究事物或現象。
這些不同的視角是互補的，而非衝突的。所謂的常識大部分是
由「經驗」而來的，心理學研究可以對其驗證或證偽。例如愛：

關於愛

與熱戀有關的大
腦化學物質

用文字讚美愛的
美妙體驗

生理學家

詩人

心理學家則是這樣研究的

不同的個性與條件是如何增強愛戀的，如出眾的外表、
伴侶的相似性或是僅僅多次重複出現在一個人面前……

結語 這是心理學嶄露頭角的時代，也是心理學被廣泛誤解的時代。人
們前所未有地想要了解自己的內心、親近他人的世界，並為「心
理」二字所著迷。從某種意義上來說，對心理學的誤解，也恰恰
代表了對心理學的期待。

1.2 被誤解的心理咨詢

● 心理學就是心理咨詢

你以為心理咨詢是……

 心靈的特效藥——服下之後，悲傷、痛苦、失望、憂慮等都會被移除到心靈之外。

 精神拐杖——無力行走的人，憑藉拐杖，就可以重新邁步前行。

 情緒的垃圾桶——任性地往裏面倒入無窮無盡的負面情緒。

● 有病的人，才會去心理咨詢？

其實心理咨詢面向心理正常的群體，心理咨詢的範疇之中包括「一般心理問題」。悲傷與困苦是每個人生命當中不可迴避的一部分，倘若難以紓解心中鬱結，尋求心理咨詢則是一種較好的選擇。

 據一項調查顯示，美國有 30% 的人定期看心理咨詢師，80% 的人定期去看心理醫生。

● 心理咨詢就是心理治療？

心理咨詢面向心理正常的群體，而心理治療則面向心理異常的各類精神障礙患者，後者牽涉到更多內在人格層面的問題，應對的情況也更為複雜。

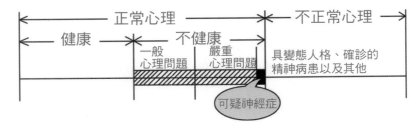

● 想找人作心理咨詢，就去醫院？

大部分人面對的是個人成長的問題，例如情緒、溝通、兩性關係困擾等，直接去心理咨詢便可。

心理咨詢師並沒有處方權。倘若初診後發現來訪者患有嚴重的精神疾病，咨詢師應當把來訪者轉介給有處方權的心理醫生。

少部分人患有較為嚴重的心理疾病，這已經超出心理咨詢的範圍，需要看心理醫生，並使用藥物治療。

● 心理咨詢就是給出建議？

心理咨詢的基本原則是「助人自助」，咨詢師不會直接給出建議，而是通過咨詢讓案主看到自己的盲點和未被利用的資源，幫助他們一起探索，做出改變的決定。

信念系統　　勇氣　　愛　　依戀關係

● 心理咨詢就是談話聊天？

會談只是一種形式，咨詢師會更多地傾聽，秉持「中立」原則，就像一塊白板，讓案主將自己盡可能真實地投射於白板之上，從而「看見」盲點。

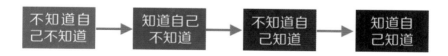

不知道自己不知道　→　知道自己不知道　→　不知道自己知道　→　知道自己知道

● 心理咨詢師更容易患上心理疾病嗎？

心理咨詢師有自己的督導老師（即心理咨詢師的心理咨詢師）來幫助他們處理情緒困擾。他們對自己有更多的覺察與了解，一旦心理出現警報，也會動用自己的心理資源，去盡快處理。

心理咨詢師就是想太多了……

他們每天接觸那麼多負面訊息……

● 找讀心理學的朋友為我做心理咨詢

「你學心理學的？那能給我咨詢一下嗎？」心理咨詢只是心理學龐大學科體系下的一個小小分支。在咨詢過程中要盡量避免雙重關係，否則會違背咨詢倫理，也影響療效。

心理學≠心理咨詢

所以，心理學專業的朋友只能給你建議，並不能成為你的咨詢師。

● 心理咨詢是讓自己變得更快樂？

心理咨詢旨在實現自我的成長與改變，從而看見傷口，然後在咨詢師的陪伴下一起縫合傷口，這個過程必然伴隨着痛苦的蛻變。所以，你現在了解到的心理咨詢是……

 鏡子——讓來訪者看見自己真實的存在

 橋樑——將來訪者帶到更遠的地方去

 人際關係場——借助關係，讓療癒發生

結語 心理咨詢是一種催化劑，你的心事被打開了，將會出現千萬種可能性。別懼怕心事，一旦找到正確的打開方式，那將會是很好的禮物。

1.3 精神分析指南

● 精神分析的誕生

電影《鐵達尼號》裏有這一幕:露絲和那些上流社會的人一起進餐,船老闆反覆強調鐵達尼號的巨大。然後露絲這樣回應:

> 你聽說過弗洛伊德博士嗎?他那關於「男性極重視尺寸」的研究,你可能會有興趣。

> 我是弗洛伊德

露絲當然是在嘲諷船老闆,而她所提及的弗洛伊德博士,全名為西格蒙德·弗洛伊德,是精神分析學派的創始人。平常所說的「精神分析」大多是指弗洛伊德所創立的經典精神分析。1900 年《夢的解析》的出版,標誌着精神分析正式誕生。

經典精神分析	客體關係心理學	主體心理學
1900s	**1940s-1950s**	**1970s**

精神分析學派的發展史

● 精神分析關鍵詞

Libido → 性驅力

> 「性」≠生殖意義上的性

> 「性」＝一切身體器官的快感

精神分析認為，
Libido 是一種本能，
一種力量。

Sub consciousness → 潛意識為人類心理活動中，不能被認識或尚未被認識的部分，約佔心靈全貌的 90%。口誤、筆誤、夢、身體語言等，都是通往潛意識的橋樑。

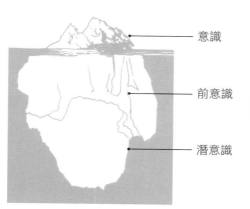

意識

前意識

潛意識

> 沒有所謂玩笑，所有的玩笑都有認真的成分。
> ——弗洛伊德

精神分析將精蟲視為人類前進的唯一動力？ **NO!**

· 心理發展的動力，包括性本能及自我保護的本能。
· 神經症正是起源於「自我」和「性」之間的矛盾。
· 弗洛伊德晚年時還提出「生本能」與「死本能」的概念。

精神分析一味糾纏於過去，不關注此時此刻？ **NO!**

· 強調童年經驗，追溯過往重要事件。

· 更好地理解現在。

過去

現在

「移情」（Transference）是過去在此刻的呈現。

● 精神分析就是冷冰冰的分析？

· 精神分析是一種態度，一種追求自由的態度，一種理解的態度。
· 傾聽與理解是必備技能。

經常笑眯眯的人本主義心理學之父羅傑斯，就是精神分析出身。

卡爾·羅傑斯

結語 你愛上了一匹野馬，你的家裏又怎能沒有一片草原？精神分析就是那匹野馬，請原諒它一生不羈愛自由。這種自由，是內在世界的自由。當我們重新審視精神分析的理論時，會發現其驚世駭俗的觀點背後，實質上是對人性深深的敬畏與理解。精神分析有自身不夠完善之處，但不可否認，它仍是關於人類心智的最好模型之一。

1.4 關於催眠的事

● 催眠，你從哪裏來？

1774 年 ────○ 奧地利的麥斯麥醫生，以「動物磁力法」的心理暗示技術開創了催眠術治療的先河。

用磁鐵棒來誘導病人進入意識恍惚狀態。

1841 年 ────○ 英國醫生布雷德出版了《神經催眠術》，他將心理暗示技術正式定名為「催眠」。

● 催眠看起來就像睡着了？

催眠不是睡眠

在催眠狀態下腦電波為 8~13Hz，而在深度睡眠狀態下腦電波為 0.4~4Hz，兩者有生理上的區別。

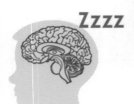

Zzzz

在輕中度的催眠狀態下，受術者的肌肉放鬆，頭腦甚至比清醒時還要醒覺敏銳。

● 動物真的能被催眠嗎？

其實這只是動物的一種生理反應，當它們感到自己的生命面臨危險時，就會進入假死狀態。

如何 Get 這種技能？

首先摸摸牠的小腦袋

之後將牠翻轉過來，使牠四腳朝上，雙耳分開。

最後牠就變成這樣了！

● 呆笨的人才會被催眠嗎？

催眠與笨蛋無關。臨床催眠實踐證明，那些注意力集中、身體易於放鬆、感受性高、想象力豐富的人更容易進入催眠狀態。

● 為甚麼我不能被催眠？

面對同樣的催眠師，每人的敏感度也不同。

5%~20%
不能完全
被催眠

大多數人介乎
這兩者之間

約15%
很容易被
催眠

● 為甚麼有些人不能被完全催眠？

 六歲以下的孩子，無法長時間集中注意力。

 部分精神病患者，思維混亂，精力不夠。

 智力缺陷者（IQ＜70），無法理解催眠指導語。

 本身極端抗拒催眠的人。

● 在催眠狀態下，不可能說謊？

催眠不是一種需要說出真相的魔術。受催眠者並沒有完全喪失個人意志，他們仍然可以說謊，謊言也未必能在催眠狀態中被檢測出來。

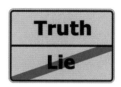

● 在催眠狀態下，秘密無所遁形？

在催眠狀態下，受術者依然有很好的自我保護與自我控制能力，他們不會作違背自己意願的事情。試圖通過催眠了解他人內心秘密的企圖是不可能實現的。

你的 Facebook 密碼是甚麼？

你有沒有私己錢？

你是 Gay 嗎？

● 如何科學且優雅地進入催眠的世界？

米爾頓‧艾瑞克森被譽為「現代醫療催眠之父」，他使催眠從「嚴肅學術殿堂中的」小丑角色中走出來，贏得它應有的地位。了解他的相關著作，可以幫助你姿勢更為優雅地進入催眠的世界。

了解我

米爾頓‧艾瑞克森

結語 有一樣東西，隨風潛入夜，潤物細無聲。它不是春夜的好雨，也不是冬夜的細雪，它是催眠。催眠，就是讓潛意識與意識之間互通聲氣，讓自我展現出更多的面貌。當然，你永遠無法催眠一個不願被催眠的人。唯有兩情相悅，才能叩響隱秘的內心之門。

1.5 關於夢的那些事兒

● 在催眠狀態下，不可能說謊？

一個沒有得到釋義的夢，就像一封未曾被讀過的信。

——古籍《塔木德》

弗洛伊德理論
夢是潛意識的呈現，回憶中夢的碎片能揭露深藏的情感。

問題解決理論
夢主要是用來處理與生存有關的訊息，因此夢能夠提供解決問題的深刻見地。

學習理論
夢是大腦處理白天所接觸的訊息的過程，清理無用的訊息避免大腦訊息混亂。

副產品理論
夢是一種沒有含義的幻象，是大腦在輸入感覺時的隨機幻象。

夢的理論

● 夢的事實

夢到底是彩色的還是黑白的？

更多的研究支持夢是彩色的，只是我們沒有意識到。經常接觸顏色的人，如畫家、設計師等對色彩很敏感，在夢中也會有意關注事物的顏色。

夢的男女差異

男性的夢更多是冒險、旅行、英雄等空想，女性多做購物、會友等與日常生活相關的夢。

● 夢的釋義

飛翔·在人生得意、事業成功、愛情順利、制定新的目標時；想逃避現實或欲求不滿時。

墜落·墜落的感覺不是痛，而是強烈的恐懼。墜落的夢，代表心裏存在某種不安。

考試·感覺自己無法完成任務或缺乏自信的時候，一般會做考試的夢。

吵架·因內心紛亂而整理思緒，因心懷不滿而通過吵架發洩情緒。

死亡·許多心理學家把死亡的夢理解為「再生」的訊號，當人即將開始某種新的生活或者想過新生活時，常會夢見自己死了。

Dreaming

TIPS

以上是心理學家和睡眠研究者關於夢的研究結果。大家切勿生搬硬套，只把它作為認識自我的參考即可。

結語 夢境浩渺無窮，像是湖上清風，或是山間明月，邀你與潛意識共醉。今夜你在思念誰？今夜你又夢見了誰？讓我們一起去探尋內心，發現夢的世界。

1.6 全世界最大的騙子，是你的記憶

> 你的記憶完全可信？在信任你大腦之前，
> 不如先了解關於記憶的七宗罪。

● 第一宗罪：傳統性遺忘

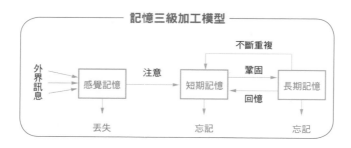

記憶三級加工模型

記憶隨時光溜走，遺忘一直都在發生。在記憶的過程中，很多訊息已經丟失。最終，你只記得所有入腦訊息的 20% 左右，且時間越長，記憶越不連貫，越有「捏造」記憶的空間。

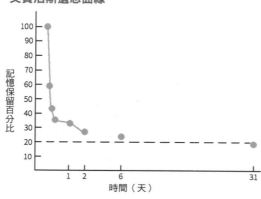

艾賓浩斯遺忘曲線

● 第二宗罪：走神性遺忘

為甚麼你會把行李遺留在車上？

注意力不集中的時候，我們更容易忘記眼前的事。

當行動缺少記憶線索時，我們有忘記未來計劃做甚麼的傾向。

如何避免：下載一個備忘錄 App 吧

● 第三宗罪：屏蔽性遺忘

時常說到口唇邊但卻說不出來⋯⋯

我們更記得有畫面感的名字而不是代號性的名字，例如

我們必定記得錘哥
（畫面感）

但不一定記得他叫 Thor
（代號性）

當代號性的名字出現時，我們常常有種想說又說不出來的感覺。

● 第四宗罪：錯構記憶

對童年的記憶很多時候是不可靠的。記憶不是一個記錄裝置，更像是維基百科，你、我、他都可以編輯、更新你的記憶。

加拿大的一項研究中，研究人員植入「小時候曾經被兇惡的動物攻擊過」的錯誤記憶，近一半參加者之後有了這樣的錯誤記憶。

● 第五宗罪：選擇性記憶

當下的狀態影響你對過去的記憶：

 當我們高興時，我們記得更多過去高興的事情。

 當我們心情低落的時候，我們記得更多過去不好的事情。

 人們傾向於誇大自己過去與現在的差異。

 球迷效應

由於偏愛，比賽雙方的球迷對同一場球賽的記憶非常不同。

● 第六宗罪：記憶大兜亂

當兩件事物聯繫很緊密的時候，我們很容易發生「再認混亂」。

 小測試　　閱讀下面每個詞一秒鐘

酸、蜂蜜、糖果、蘇打、糖、朱古力、苦、心臟、
好、蛋糕、牙齒、不錯、餅乾、飯、粉、筷子

問題在本文最後

隨着時間的流逝，我們會
遺忘記憶內容的來源。

誰告訴我的？

● 第七宗罪：情緒性記憶閃回

當你越想忘記的時候，你記得越清楚。如恐怖襲擊，如刻骨銘心的虐戀。閃光燈記憶：那些激起我們強烈情緒的事件，會讓我們記得更清楚。

結語

現在你還相信自己的記憶嗎？

不過，記憶七宗罪也有它的好處，例如它們可以讓我們對危險更有警覺性，關注更有意義、更值得關注的事情，也讓我們知道也許童年幸不幸福的感受與現在的心情有關。

第六宗罪的問題：「味道」、「甜」、「麵」、「苦」，以上哪幾個字在題目中出現過？

1.7 情緒是人格分裂嗎?

● 情緒就是喜怒哀愁嗎?

情緒是綜合的個體體驗,主要分為生理變化(如腎上腺素飆升)、表情(如瞳孔縮小)和情感體驗(如害怕)。所以,如果覺得胃緊或心悸,也有可能是情緒的生理反應。

● 看見北極熊你是害怕還是不害怕?

外界的刺激與個體的情感體驗不是一一對應的,對情形的認知評價起重要的中介作用。

| 情景一 | 你手無寸鐵置身北極圈,一隻飢餓的北極熊飛速朝你奔來。 |  | ▶ 感到威脅 | ▶ 害怕 |
| 情景二 | 日本動畫《白熊咖啡廳》裏的白熊端着一杯摩卡優雅地走到你面前。 | | ▶ 感到安全 | ▶ 不害怕 |

● 基本的情緒有多少種？

情緒就像一個調色板。有基本情緒，也有複合情緒；有淡淡的憂傷，也有濃濃的悲痛。基本情緒一般有八種：恐懼、驚訝、悲傷、厭惡、憤怒、期待、快樂和信任。

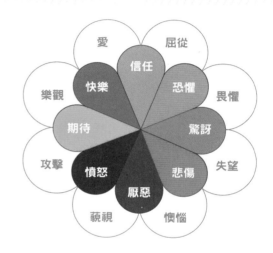

● 每天都快樂，這句話能實現嗎？

科學研究表明，每天都開心並不符合平常人的心境變化週期。
一般來說，人的心情起伏為七天一個週期。

● 眼皮「左跳歡喜，右跳傷悲」，確有其事？

正！相！反！

我們的左腦加工積極情緒
（控制身體右側）

右腦加工消極情緒
（控制身體左側）

癢！

另有研究表明，很有可能你的右腳比左腳怕癢。
來，我們一起試試吧！

● 負面情緒有哪些功能？

厭惡（Disgust）

厭惡會保護我們的自我邊界。厭惡與娛樂有微妙的聯繫：例如你看見好友踩到狗屎，就會覺得很有趣。

憤怒（Anger）

憤怒通常在我們的目標受阻時產生，它幫助我們克服障礙，激勵行為。憤怒會讓我們排斥他人，不利於個體社會化。

害怕（Fear）

這是祖先的力量，幫助我們保存生命，延續基因；也幫助我們逃離危險，在危急關頭有效防禦。

悲傷（Sadness）

促進反思，提供暫停功能，讓我們修改目標和計劃，促進順從和接受。悲傷時的大腦通路與思考時的重疊，增強分析問題的準確性；喚起其他人的同情來支持我們。

快樂（Joy）

快樂，並不總是起積極作用。比如在快樂的心境下我們可能會：更容易被說服、買更多、吃更多、更迷信。

結語 情緒就像活在我們心中的小朋友，有時會調皮撒野，有時會乖巧聽話。情緒傳遞着內心不同的需求，有的被捧在手心，有的被藏在角落，等待着我們轉身回頭。

1.8 失望是甚麼感覺？

● 失望是與非

失望，它總與美好（期望）相對，是當結果不符合好的預期時，出現的一種負面情緒。它很常見，是人們在日常生活中第三頻繁的負面情緒（前兩位是焦慮與憤怒）。

> 失望是當面把這個氣球戳破

> 希望是給小朋友一個氣球

● 失望的大與小

失望的大小與下列兩個因素分不開。對個人的意義越大、持續的時間越長，失望越大。

個人的意義　　＋　　持續的時間　　＝　　大失望!!

● 失望的兩重門

研究發現，失望有兩種。

一種是結果導向的，
以個人成就為主。

另一種是人物導向的，
以人際交往為主。

● 失望的組成

失望由不同情緒複合而成，以悲
傷、憤怒及對未來的希望為主。

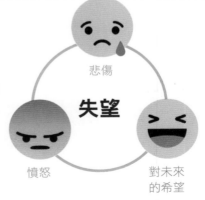

失望的冰與火之歌	失望的你，是冰還是火？

79% 的人在失望的時候感到悲傷、無力、退縮。

67% 的人在失望的時候感到憤怒。

具有以下特點的人在失望時更多體會到**憤怒**

具有以下特點的人在失望時更多體會到**悲傷**

此外，還有 44% 的人在失望的同時感到憤怒與悲傷。

控制慾較高的
理直氣壯的
更關注成敗的

控制慾較低的
忍耐體諒的
更關注以往的目標及信念的

● 為甚麼說，期望值越高失望就會越大？

觀察者效應（Observer Effect）

被觀察的事物會因為觀察行為而受到一定程度或很大程度的影響。在壓力情境下，這種影響常常是負面的。

太計較反而得不到

動機強度與工作效率之間的關係
呈倒 U 形曲線。動機不足或過分
強烈，都會使工作效率下降。

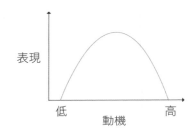

表現

低　　　　　　　　高
　　　動機

● 如何從失望感中爬出來？

· 承認自己的失望，認清期望與現實的差距。

· 持續保持希望，可以使人在失望後更快地恢復。

· 評估減少差距的可行性：要麼重新振作，斬妖除魔；要麼放下屠刀，立地成佛。

· 重新調整期望值。

結語

王爾德曾說：世間有兩大悲劇，一個是想要而得不到；另一個是
得到。每一種失望背後都是希望破碎的聲音，然後迸發出火山裏
的熔岩，或是被深埋於心底。然而，這失望裏到底埋藏了甚麼，
只有弄清了自己的內心動機才能認清，也能讓我們爬出失望，向
既定目標前進。

1.9 再見了，消極負面的心理學

● 消極負面的心理學

傳統的病理性思維：
將心理學與消極負面的東西聯繫在一起。

大眾的視野
心理學＝心理咨詢＝精神病理學＝你有病

好友的關心：
「你學心理學不會自己也有問題吧？」

文藝青年的總結：
「強迫症、抑鬱症、精神分裂症……沒有這些病症，心理學就是蒼白的！」

畢業典禮上的分享：
「我學心理我驕傲，精神病人思維廣，弱智兒童歡樂多，Yeah!」

● 單一視角下的「貧富差距」

學者統計 1967 年至 2000 年間的文獻後發現：

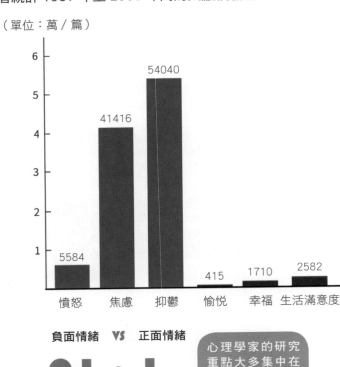

（單位：萬／篇）

負面情緒　VS　正面情緒

21：1

心理學家的研究重點大多集中在負面情緒方面。

● 換個角度，玩轉心理學

正向心理學之父馬丁·塞利格曼認為，心理學有三項使命。

1 研究消極心理，消除或緩解心理疾病。

2 預防心理問題，讓人們生活得充實有意義。

3 培育心理品質，鑒別和培養人才。

長久以來，人們將目光聚焦在第一點，而忽視了後兩點的研究。

● 正向心理學的誕生

正向心理學如一道驕陽，在陰影與陰影之間，劈出一條新路。

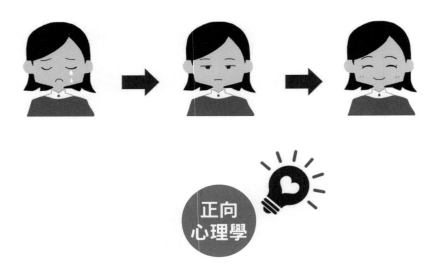

2000 年 1 月《正向心理學導論》的發表，標誌着正向心理學作為一個研究領域的形成。心理學不僅修復及彌補損傷、缺陷、傷害等，也挖掘人類自身所擁有的潛能和力量。

包括：積極體驗

過去
滿足感

現在
幸福感

未來
希望樂觀主義

「拓展—建構」理論認為，積極情緒有助於拓展個體在某一時刻的思想和行為能力。

正向人格特質

愛的能力、工作的能力、勇氣、人際交往技巧、對美的感受力、創造力、毅力……

考試不合格，我真失敗……

PK

考試不合格，我會汲取教訓，下次好好努力！

悲觀型解釋風格

樂觀型解釋風格

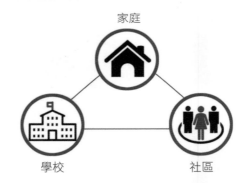

積極組織系統

「沒有人是一座孤島，可以自全，每個人都是大陸中的一片，是整體的一部分。」積極的組織系統，能夠激發個體去看見自我的力量，並實現自我的價值。

家庭

學校　　社區

結語　長久以來，心理學都在泥地裏打滾，它扶起陷落的人們，又為「病者」貼上膏藥；它看見生命當中的缺陷，又一遍一遍地填補缺陷。為甚麼我們有那麼多的不快樂？為甚麼黑夜漫長，似乎永遠不會過去？這些問題盤旋在每個人的心中，構成了陰影的一部分。倘若不能拂落它們，就去親近世界的另一面吧。那是陰影前面的太陽，是生命當中的另一個維度。願你能擁抱黑暗，也願你能直視太陽。

PART 2

· 觸碰世界 ·

社會心理學

社會中的種種現象

無不透露出心理學的氣息，

用心理學的知識去體會，

你會看得更清晰。

2.1 我在看你，你卻在看手機

● 「手機控」數據大調查

你，是一個不折不扣的「手機控」嗎？

數據篇

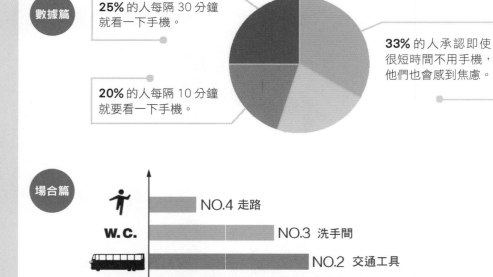

25% 的人每隔 30 分鐘就看一下手機。

33% 的人承認即使很短時間不用手機，他們也會感到焦慮。

20% 的人每隔 10 分鐘就要看一下手機。

場合篇

NO.4 走路

W.C.　NO.3 洗手間

NO.2 交通工具

NO.1 被窩

超過**七成**人睡前使用手機，近**四成**人早起在被窩裏依然會查看手機。

● 被窩裏的「好伴侶」

95% 睡前，95% 的人習慣使用流動裝置，智能手機尤其受歡迎。90% 年齡在 18 至 29 歲之間的人們會跟手機一起睡覺。

1/3 三分之一的智能手機用戶寧願為手機放棄性生活，手機就是他們的伴侶。

25% 25% 的人不會將手機靜音。10% 的人表示一週內，有幾次被手機從睡夢中吵醒。

50% 一半的人表示，如果在夜裏無緣無故地醒來，他們就會玩手機。

事實上，睡前玩手機會嚴重影響我們的睡眠質量以及生活。對着電子顯示屏兩個小時，就會抑制褪黑素的產生，而褪黑素是有助於人們睡眠的。睡前過度使用手機，不僅影響睡眠，也可能會增大壓力和產生抑鬱情緒。

● 聚會中的氣氛殺手

約會中

不能接受接聽私人電話

不能接受接聽商務電話

61.31%

43.45%

57.14%

45.24%

不能接受使用社交網絡

不能接受收發短訊

結語 我們在虛擬的網絡交友，在吃飯的時候拍照，擁抱時還在看手機⋯⋯ 有句話說「夢出現的人，醒來就該去見他」，與朋友見面不是更好嗎？

2.2 奇妙的電梯禮儀

● 進電梯的人都要「仰望星空」

圖解	人際關係狀態	相互作用水平
○ ○	零接觸	低
○→○	單向注意	
○←→○	雙向注意	
◯◯	表面接觸	
⬭	輕度接觸	
⬭	中度接觸	↓
◉	深度接觸	高

每個人都需要一個能夠掌控的自我空間，這個空間如同一個無形的「氣泡」，為人們劃分了一定的「私人區域」。兩個陌生人之間的接觸，就像是兩個氣泡從分離慢慢走向交融。

電梯破壞了這種規則，它將一群陌生人硬生生地塞進同一個黑盒裏。
狹窄、封閉……

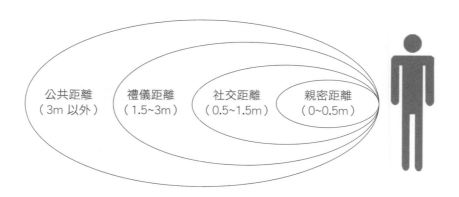

公共距離（3m 以外）　禮儀距離（1.5~3m）　社交距離（0.5~1.5m）　親密距離（0~0.5m）

當物理空間被無限縮小時，彼此間的關係卻並未達到同等程度的親密水平。為了對抗焦慮，人們產生防禦式的反應：抱胸、抬頭、不說話……

● 角落是最安全的位置！

美國北卡羅萊納州立大學的李·格雷博士發現，當人們進入電梯後，會出現近乎本能的排位意識，與他人最大限度地保持距離。隨着電梯越來越擁擠，這種排位的趨勢越來越像骰點圖。

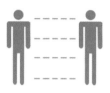

一個人
隨意站在任何位置。

兩個人
會佔據不同的角落，
以保持最大的距離。

三個人
下意識地站在三個角落
裏，形成一個三角形。

四個人
割據四方，
形成一個四邊形。

五個人
必有一人在夾縫中
拓展空間。

六個人
各自貼着兩邊的
角落站立。

每當走進一個新乘客，人們就挪動腳步，重新排位，
就像一雙看不見的手在高處重新擲了一次骰子。

● 永遠不要做最特別的一個

電梯是孵化「從眾行為」最好的溫床。在電梯實驗中，不知情的
參加者走入電梯，他會受到群體壓力的影響，依循其他人的行為，
做出相似的反應。

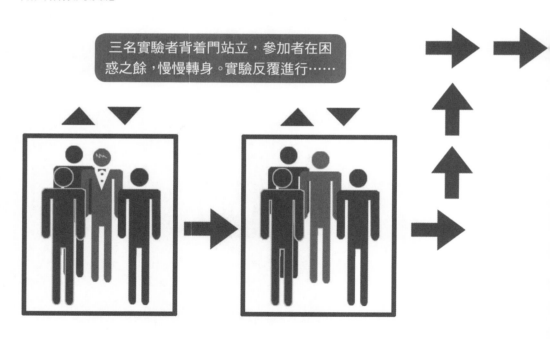

三名實驗者背着門站立，參加者在困惑之餘，慢慢轉身。實驗反覆進行……

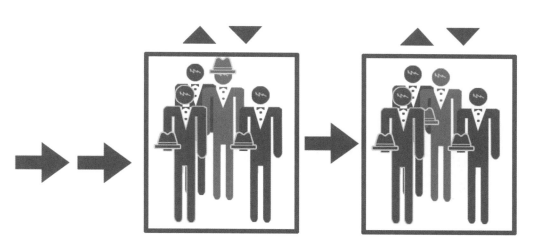

當其他人都摘下禮帽,參加者會在環顧四周之後,也摘下自己的帽子。在不同的情境下,不同的參加者會做出相似的反應,他們盡可能與群體行為保持一致。這種對群體規範的服從又一次強化了「電梯禮儀」。

 結語 **電梯是一個神秘的黑色盒子,它會影響、儲存和提取你的行為,在一個侷促的空間裏,壓縮你的個性。當你終於成為「沉默的大多數」時,你會像千千萬萬個電梯人一樣,在這個盒子裏,靜默與消亡。**

2.3 為甚麼星座分析總是準到哭？

● 星座分析到底科不科學？

星座分析　　　　　　　人格測量

VS

九型人格

Round 1：測甚麼

人格特質　　　　　　　人格特質

平局

理由：相同測試目的

Round 2：測量工具

出生年月日時間
及出生地點

平局

180 條
自評式問題

理由：沒有充分證據表明
出生日期與人格特質無關。

Round 3：測量單位

出生時各點與行
星各點的角度

平局

9 種人格特質

理由：皆有足夠精確的準則

Round 4：測量工程

根據大家的生
日，可得出一
個人的星盤

**九型人格
勝！**

依據大家自評
的答案，會得到
個人性格分析

理由：科學更喜歡直接且
少推理的結果。

Round 5：測後可以……

推算自己的
性格、行為
模式、戀愛、
運勢

**九型人格
勝！**

可以了解自己
的性格特質並
可預測個人的
行為模式

理由：科學更喜歡經得起推敲的謹
慎推測，不喜歡聽起來很準的推測。

PK 結果：九型人格入選科學範疇

● 星座分析不科學，還準到哭？

巴納姆效應

永遠對每個人都適用

泛泛而談、不具體、不批判、不負責的言論，很容易讓人覺得是準確的。

破解方法：先遮住星座名，後看分析，你會發現 12 種解釋，每種都準到哭。

證實性偏見

我們內心都是自戀狂

人們會更容易注意到符合自己認知的訊息，而忽略不符的訊息。

破解方法：試着在記憶中尋找反面證據。例如說「你比較真誠」，就想想你騙人的經歷吧！

讓信任關係容易建立

如何說恭維的話

人們會更喜歡支持、關心自己的人。

破解方法：讓所有朋友每人指出你一個缺點。

羅森塔爾效應

我們每個人都是生活中的演員

一開始說我很可愛的時候，我是不相信的。不能你說是就是，我要先看看星座書……看到現在，我肯定自己真是天生可愛的！當我們入戲之後，羅森塔爾效應會有 2.0 版。

心理暗示不單讓我們活得像星座人，還操縱我們如何接觸世界。

天蠍好口蜜腹劍

金牛很物質

處女強迫症

大家都好可怕……

結語

雖然星座不夠準確，不過識新朋友時拿來破冰還是不錯的。類似英國人：「天氣怎麼樣？」；中國人：「吃了飯沒有？」

新交朋友： 嗨！你是哪個星座的？

回應調侃： 你辦事好認真！我是射手座的！

玩笑吐槽： 你這麼花心，是不是雙子座的？

拉近關係： 哇，你是天蠍的，我和天蠍很夾的！

冷淡關係： 哎，我果然和天蠍，沒甚麼好聊的……

2.4 只有死人才能保守秘密？

● 首先秘密可以是：

你沒有告訴過
別人的訊息

別人沒有說出去
的秘密

全宇宙都知道，
只有你不知道的秘密

所以，你的秘密傳播得越多，你的陣營就越大。

● 秘密為甚麼這麼受歡迎？

享受被信任的感覺

> 公開秘密的人一般的開場白：這件事我隱藏了 20 年，現在只告訴你一個人。自動轉化為：哇，你這麼信任我，我肯定對你很重要！！！

越多機密，訊息越安全

> 與生俱來的八卦基因作祟，我們都願意在不暴露自己的情況下獲得更多的外界訊息。

高情商的自覺感

> 怎麼樣，肯定是我人見人愛，花見花開，別人才和我交心。

幸災樂禍與自我肯定

> 當聽到別人的負面消息時，往往會不自覺「呼」一聲，潛台詞是：相比起來我還是很幸福的。

● 講別人是非為何如此受歡迎？

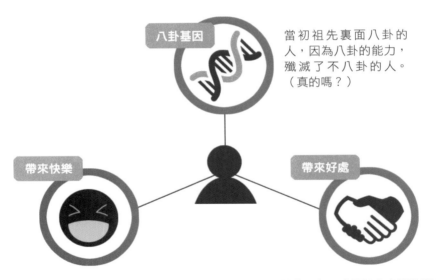

八卦基因

當初祖先裏面八卦的人，因為八卦的能力，殲滅了不八卦的人。（真的嗎？）

帶來快樂

A：話你知，xxx 好 xxx。
B：哈哈哈，xxx 原來這麼搞笑。
C：是呀，他就是這麼搞笑的，哈哈哈！

帶來好處

增進朋友，或是陌生人間的關係。
A：跟你講，xxx 好 xxx。
B：我也覺得是。

● 我們為甚麼難以保守秘密？

其實一開始，你講秘密給我聽我是不想聽的，不能你叫我守密，我就守密呀，我要翻翻書，上網查查，看看保守秘密對我的影響。看了之後，我才知道：「打劫要錢，你是要命啊！」

不僅死人能守密，守密的人也有更高的致死風險，更容易死掉。也就是說，洩露秘密就是自救的過程。

洩密有時不受守密者的意識控制

研究表明，越是不可以說，越是給封口費，秘密就越容易在無意識的情況下洩露出來。

洩密如同嗑藥

洩密能刺激大腦分泌內啡肽，如同嗑藥，令人飄飄欲仙。

避免寂寞

人際溝通模式使得保密訊息容易無意識地被分享，促進溝通。

● 哪些人更容易成為告密者？

責任心弱的人

同理心弱的人

個人心理邊界不清的人

更容易成為告密者

更容易洩密，但不自知

自戀狂

反社會人格

表演慾人格

更容易背叛承諾，也更容易八卦別人或造謠

● 不想洩露秘密，憋着又難受怎麼辦？

不看

不説

不聽

看看，懂了嗎？切斷傳播源是關鍵。

擬人排解 學習《花樣年華》中的梁朝偉，找一個樹洞説出來。

安全傾訴 找一個無害且與秘密完全不相干的人傾訴。

適量運動 通過適當運動來釋放守密的焦慮與壓力。

日記記錄 在日記寫下一個個秘密。

結語 秘密就像美食，吃下去很容易，吐出來也很容易；吃下去吐不出來，就會變成身體的負擔，成為無言的心結。

2.5 聽說，你有一個很厲害的名字？

● 人如其名，還是名如其人？

你好，我叫弗洛伊德～

哇！你一定很擅長精神分析吧！

姓名指自己，與自我的聯繫極為緊密，具有較強的情感特徵。

人如其名

姓名對行為的影響大多被歸因為「自我暗示效應」，即個體將名字的寓意內化為自我人格的一部分。例如……

一個叫「陳靚靚」的人為了不辜負自己的名字，會花很多時間將自己打扮得貌美如花。

一隻叫「弗洛伊德」的貓咪，也很有可能去鑽研一下萌萌的心理學。

名如其人

個體對自我的態度很容易泛化到對姓名的評價中。如果你想測量一個人的內隱自尊——即個體沒有意識到的喜歡與接納自己的程度，就可以使用「名字」這個絕招。

例如，陳靚靚可能偏愛以下相關的東西：

東　　C

●對自己的名字念念不忘，必有迴響？

我偷偷告訴你啊，弗洛伊德最喜歡發神經了！

打了個乞嚏，誰在說我壞話！

雞尾酒會效應

在雞尾酒會上，聲音嘈雜，吵到連電話鈴響都聽不到。但是如果有人提到你的名字，即使聲音很細微，你也還是會注意到。

注意力的寵兒

這種現象不僅適用於聽覺，也適用於視覺。

陳小明

余春嬌

Frankie

Mary

● 為甚麼記不住別人的名字？

依次失真效應

當人們依次介紹自己時，大腦會高度關注如何制定下面的行動，或者估算自己的表現，別人的名字只是在大腦附近繞了一圈便離開了。

很高興再次見到你，弗洛伊德。

Sorry 啊，你是……

工作記憶失效

工作記憶就像漏水的水瓶那樣運作，裝不了多少水，卻還在不斷地漏水。如果你不集中注意力，這點點記憶很快就會消失。

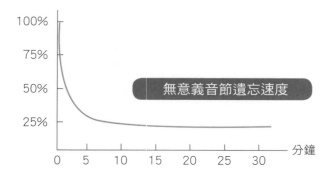

名字對他人來說無意義

名字是隨機的排列組合，類似艾賓浩斯的「無意義音節」。人們更擅於記住面孔，以及一些與已知訊息聯繫在一起的事實性訊息。

無意義音節遺忘速度

100%
75%
50%
25%

0　　5　　10　　15　　20　　25　　30　　分鐘

結語

名字就像是一顆種子，在一切發生之前，就埋下一個美麗的期望。你可以舞之蹈之，為那顆小小的種子澆水施肥；也可以不以為意，任那顆種子自然生長。但至少，請你記得啊——在你剛降臨到這個世界上時，為你取名的人曾經非常真摯地祝福過你的生命。

2.6 用生命自拍是一種怎樣的體驗?

● 網絡自拍是甚麼,你真的自拍過嗎?

自拍 = Selfie

自拍不等於自己拍照。
它必須符合下面三個特徵:

1 智能手機、相機

2 上傳社交網絡

3 手機與你相隔一個手臂的距離。2.0 版則相隔一個手臂或「義肢」(自拍神器、樹枝或另外一個人)的距離。

●會自拍並不代表你很潮

自拍的前身是自畫像,幾個世紀以前大家就知道這樣很美了。

梵高(Van Gogh)自畫像

帕米加尼諾(Parmigianino)自畫像

● 為甚麼自拍總是比被拍更美？

 鏡頭在說謊，自拍比被拍更容易顯臉小。

攝影師斯蒂芬·伊斯特伍德通過不同焦距十連拍發現：不同焦距的鏡頭影響成像的效果不一。

短焦端（自拍的距離）

讓臉變得小而尖

中焦端

讓臉變得漂亮和帥氣

長焦端

讓臉變得又寬又肥

曝光效應

 我們有「覺得面熟的人更美麗」的傾向，自拍中的你就像鏡子裏的你，天天被看見。

恐怖谷效應

 我們會對與我們極為相似，又有些不同的事物產生恐怖厭惡情緒。例如被拍的照片，特別是別人偷拍你的照片。

● 為甚麼我們愛自拍？

自我欣賞的需要

從自我中心化走向社會化，但自我欣賞的「小人兒」一直藏於內心深處。

自覺控制感

我的照片我話事，燈光、角度、表情、Post 不 Post 都是自己決定。

宜家效應

心理學家艾瑞里（Dan Ariely）認為，我們會對自己有參與創作的產品產生依戀。自導自演的自拍是比攝影更加純粹的完全自我創作的過程。

● 為甚麼我們樂於 Post 自拍照？

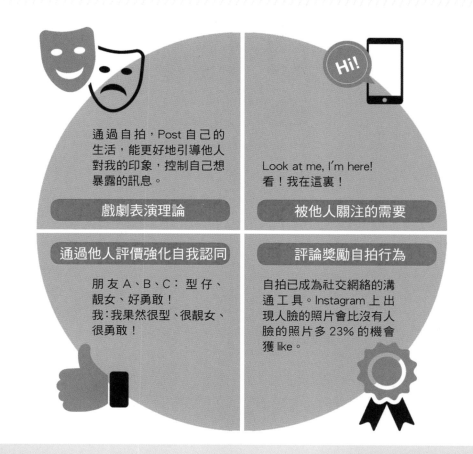

通過自拍，Post 自己的生活，能更好地引導他人對我的印象，控制自己想暴露的訊息。

戲劇表演理論

Look at me, I'm here!
看！我在這裏！

被他人關注的需要

通過他人評價強化自我認同

朋友 A、B、C：型仔、靚女、好勇敢！
我：我果然很型、很靚女、很勇敢！

評論獎勵自拍行為

自拍已成為社交網絡的溝通工具。Instagram 上出現人臉的照片會比沒有人臉的照片多 23% 的機會獲 like。

● 自拍星人與人格特質有甚麼關係？

高自尊心、
不顧後果的人   低自尊傾向者

更有頻繁 Post 自拍
的傾向

更可能反覆 PS 自拍
照片

● 太愛自拍能生病

自拍成癮、自拍強迫症：

英國 15 歲少年丹尼‧布朗，每天要花
10 小時拍上至少 200 多張自拍照，看
着自拍裏的自己遠不如偶像里安納度，
於是傷心地嗑藥，直到有一天，他被家
人發現企圖自殺。

結語　「網絡自拍」令大家很方便地表現自己，也滿足了自我認同與
社會歸屬的雙重需求，但自拍一旦 Post 出去，要 P 圖、要毀
容，都掌握在別人手裏。所以，還是且行且珍惜吧。

2.7 噓，說出口的願望就不靈了？

● 如果你有一個願望，你會？

把願望鎖進保險箱，
不說給任何人聽。

悄悄地挖一個樹洞，
說出自己的願望。

大聲地說出來。

選好了嗎？
來看心理學家的答案。

如果讓紐約大學的心理學家彼得‧格威特來回答這個問題，
他會告訴你正確答案是：

不要選〇！

因為在一項實驗中，心理學家讓所有的參加者寫下一個小目標，然後將他們分為兩組：

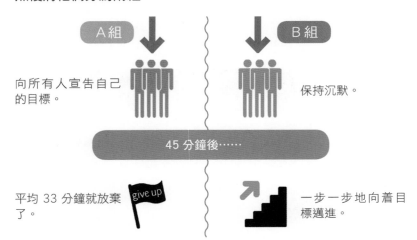

A組

向所有人宣告自己的目標。

B組

保持沉默。

45 分鐘後……

平均 33 分鐘就放棄了。 give up

一步一步地向着目標邁進。

● 迷人的假象

勒溫提出了「替代作用」的概念，
他認為大腦會把「說了」當成「做了」。

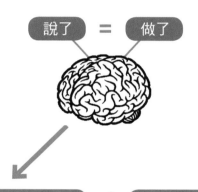

假像		後果
當你把自己的願望告訴別人之後，對方給予你的讚賞、支持，構成了一種「社會現實」，使你產生替代性的滿足感。		動力降低，行為也淺嘗即止。

● 在外部動機和內部動機之間搖擺

每個人都力圖使自己和別人的行為看起來合理，於是他們就找啊找啊找原因。

外部原因顯而易見，俯拾皆是

為甚麼年紀一大把了還要過兒童節？

過節有禮物收呢。

我身邊的成年人都在過啊。

不就隨口說說，應應節吧。

內部原因卻藏在隱秘的地方，需要花費更多的力氣去探索。

為甚麼一把年紀了還要過兒童節？

外部原因

內部原因

當外部原因足以解釋行為時，人們一般就不再去尋找內部原因了。

如果希望某種行為得以持續，就不要給它過於充足的外部原因。

這就是德西的「過度理由效應」。

為甚麼你想實現這個願望？

外因主導

在大聲地宣告給他人之後，無奈撇嘴：都是他們在逼我，我是為了實踐承諾啊。

內因主導

將願望隱秘地藏在心底，偷偷微笑：因為我喜歡呀。

● 真的不能說出願望嗎？

執行意圖從結果出發，將抽象的目標細化為一步步具體的行動。
它像一種自我監管的工具，將虛幻的滿足感拒於門外。

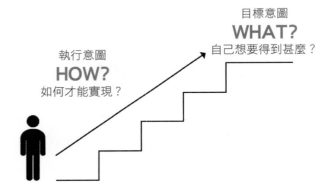

目標意圖
WHAT?
自己想要得到甚麼？

執行意圖
HOW?
如何才能實現？

結語

「喂，你的願望是甚麼？」

「我啊，想要成為一隻快如閃電的小兔子。為了達成這個目標，
我每天都要繞着田野跑 10 圈，做 100 次伸展運動。如果我
懶惰了，請打我一拳。」

2.8 為自己唱一首單身情歌

● 升級打怪找對象

埃里克森認為，成年早期
（18~25 歲）的基本任務是
獲得親密感，避免孤獨，體
驗愛情。

找愛人

埃里克森

愛情作為稀缺的情感資源，
需要通過競爭和選擇來獲得。

$$愛情成功值 = \frac{（自身資源 + 努力程度）\times 運氣}{擇偶標準}$$

一些人升級成功
進入戀愛與婚姻。

一些人挑戰告敗，或不願挑
戰，停滯在「單身」狀態。

● 苛刻的社會標籤

社會對單身人士抱苛刻的態度，把「單身」等同於「缺憾」，甚至是「失敗」。

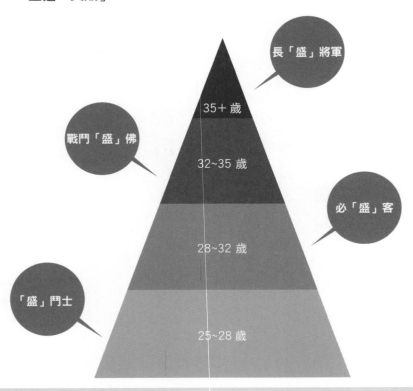

長「盛」將軍

戰鬥「盛」佛

必「盛」客

「盛」鬥士

35+ 歲

32~35 歲

28~32 歲

25~28 歲

● 膨脹的灰色情緒

調查顯示，單身男女的情緒狀態大多是消極灰暗的。他們擔心自己得不到愛，也不能去愛。

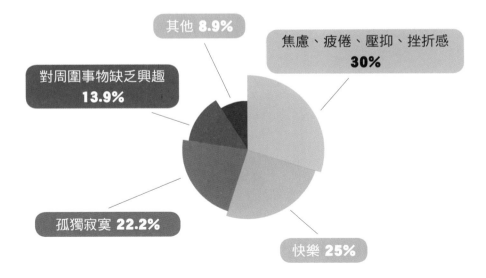

其他 **8.9%**

對周圍事物缺乏興趣
13.9%

焦慮、疲倦、壓抑、挫折感
30%

孤獨寂寞 **22.2%**

快樂 **25%**

● 單身的原因

有一種詛咒叫「單身基因」

研究發現，攜帶 5-HTA1 的「G」型基因的人，比攜帶「C」型基因的人單身的可能性更大。「G」型基因的人群產生的血清素較少，血清素與情緒、幸福感有關。

原生家庭的代際傳遞

在悲觀的情緒與神經質的人格傾向中，反反覆覆體會着「關係」的不易。

父母關係不和睦　　　子女對婚姻產生　　　害怕重演
　　　　　　　　　恐懼和排斥心理　　　上一代的悲劇

完美主義情結作祟

他們過分注重細節,用放大鏡來審視關係中的瑕疵。一旦對方的某一點不符合自己的心意,就會亮出紅牌,無法進行理性的決策。

意識清醒的決定

他們有穩定的自我價值觀,不因外在的評價而有所增減。他們渴望親密關係,但也並不懼怕獨自一人。

如果沒有「你」,「我」是不完整的。

即使沒有「你」,「我」也使自己豐富和完整。

 單身的問題從來不在於單身，而在於「單身」身份所帶來的負面自我價值。上帝在創造了亞當之後，突然宣稱這是他第一件不甚完美的作品，於是他緊接着創造了夏娃，只為了使亞當不再孤身一人。然而，在伊甸園之外，生長着「愛」，也生長着「恐懼」，「我需要你」的慾念在滋長，「我害怕被控制」的慾念也在騰騰地燃燒，又有哪一種得到，不是同時伴隨着失去而來呢？

倘若能在「愛」與「恐懼」之間尋求到一個平衡點，相信自己值得去愛，也值得被愛，即使單身，也能快樂無憾了吧。

關係心理學

親情、友情、愛情……

一旦關涉到愛，

就不再是對象的問題，

而是能力的問題。

可以說，

愛是通往幸福之門，

而心理學正是最好的鑰匙。

3.1 關係天天都多

● 人字的結構，就是相互支撐

我們的一生，　　　都成長於關係之中

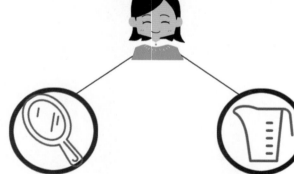

早期的母嬰關係是第一條連接的傳輸帶。

母親是孩子的鏡子，孩子從這個鏡子中照出自己。

母親也是孩子的容器，去承載孩子的種種情緒，如快樂、憤怒、恐懼、悲哀……

幸福的家庭是相似的，不幸的家庭各有各的不幸

TAPL 快速咨詢法創始人呂明教授認為：

> ### 最佳的家庭結構
> **等邊三角形**

這也是最穩定的形態，父母之間有很好的關係，父母與孩子之間也有很好的關係。

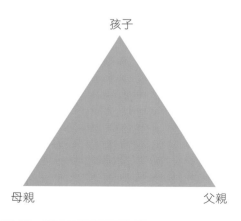

孩子

母親　　　　　父親

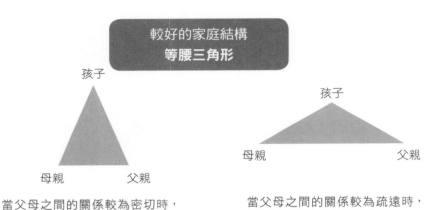

**較好的家庭結構
等腰三角形**

孩子

母親　　　　父親

當父母之間的關係較為密切時，
就能給孩子較大的支持力。

孩子

母親　　　　　　　父親

當父母之間的關係較為疏遠時，
只能給孩子較小的支持力。

**糟糕的家庭結構
隨意三角形**

當父母之間的關係很差時，就會
使三角形趨於直線。孩子從家庭
當中無法得到向前發展的動力。

孩子

母親　　　　　　　　　　　父親

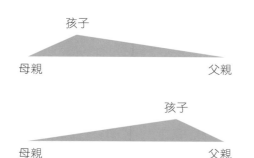

母子關係好於父子關係，誘發日後的婆媳不和。

父子關係好於母子關係，孩子難以對母親建立認同感。

幸福家庭的指南是讓父母之間的關係成為家庭關係的核心，擁有第一發言權。孩子能從這樣的家庭中汲取到充足的養料和水分。

爸爸愛媽媽。

媽媽愛爸爸。

爸媽愛我。

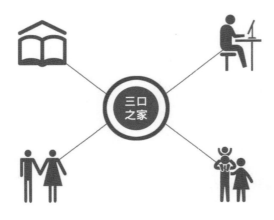

在紛繁多樣的關係裏，
誰曾溫暖你，誰曾漠視你？
誰曾傷害你，誰曾寬慰你？

結語 你與誰建立了關係？是深厚持久的，還是膚淺脆弱的？你是父親，你是丈夫，你是兒子，你是哥哥弟弟；我是母親，我是妻子，我是女兒，我是閨蜜。這些都無法孤立地定義「你」和「我」。我們建立關係，又從關係中分離，路途中相遇的每一個人都是自我的碎片，把它們拼湊起來，才能找到完整的自我。

3.2 我有一個內向／外向的朋友

● 我們的區別

外向

從外部獲得動力，人多活動多的環境讓他們精力充沛。

偏愛寬度，興趣廣泛。

擅於表達與分享。

內向

從內部世界獲得動力，社交會消耗精力，而獨處則重新充電。

喜歡深度，更為專注。

擅於獨自思考與聆聽。

外向

總會蹦出新奇的點子。

內向

喜歡反思。

總會激勵他人。

需要朋友的鼓勵。

擅於社交，有很多朋友。

喜歡和兩三好友聊聊天。

● 謝謝你的理解

慢熱的我，剛認識時不會很熱情，但熟了之後也會笑得很放～

 看你一副安靜無聊的樣子，我就撩你玩放鬆一下，沒有惡意的～

有時不參加聚會不是因為討厭你們，而是我需要獨處一下，不要介意～

 如果你願意，我可以分享一些炒熱氣氛的技巧～

我不會迫不及待地發表看法，如果你願意聽聽，或許會為你帶來新的思路～

 我對一些事情沒有那麼敏感，所以你有甚麼想法請直接說出來～

如果我說很高興有你這個朋友，那是真話，雖然我看起來不是超級興奮。

我高興起來時說話不停口，但不完全是廢話，只要你耐心聽就知道了！

如果我不開心的時候你想安慰我，靜靜坐在我身旁陪我就已經夠了。

雖然我是沒心沒肺的樂天派，但也不是百毒不侵，我也有沮喪失落的低潮。

結語 外向者擁有令人艷羨的氣質與能力，內向者也有喧囂世界中的穩定作用。無論你是外向者還是內向者，請欣賞自己的特點，這正是你的天賦所在。「畀啲掌聲自己！」

3.3 你與媽媽的關係將決定你的愛情？

● 母嬰關係書寫着「依戀」的藍圖

母親作為個體生命初期的主要撫育者，影響着嬰兒的依戀類型。

安全型

敏感、溫柔的母親，能及時回應嬰兒的需要，嬰兒在持續的照顧下，與母親形成「安全型」依戀關係。

媽媽來了，我高興。

媽媽離開，我也能獨自玩耍。

內心：「媽媽愛我，她會持續地關注我。」

焦慮型	迴避型
情緒不穩定的母親，對嬰兒表現出不一致的照顧，他們之間會形成「焦慮型」依戀關係。	粗心大意的母親，常常忽略嬰兒的需要，嬰兒在長久的忽視下，形成了「迴避型」依戀模式。

媽媽來了，我高興。

媽媽離開，我抓狂焦慮。

內心：「媽媽愛我？媽媽不愛我？」

媽媽來了，我無所謂。

媽媽走了，我也無所謂。

內心：「反正媽媽不愛我，我也不要媽媽了。」

● 愛情喚醒早期的依戀模式

哈贊和謝弗（Hazan & Shaver）發現，成人依戀類型的分佈情況類似於嬰兒。

安全型 56%

· 需要親密，也能坦然面對偶爾的分離。
· 情緒穩定，能夠覺察戀人的需要。
· 對自我和戀人的認知都是客觀的，不貶低也不抬高。

焦慮型 19%

· 渴望親密無間，抗拒分離。
· 情緒不穩定，對戀人的情緒和行為非常敏感。
· 貶低自我，放大戀人的優點。

迴避型 25%

· 需要親密，卻拼命壓抑，外在表現為獨立。
· 情感隔離，對戀人態度冷漠。
· 抬高自我，放大戀人的缺點。

● 複雜的愛情配對

安全型　　　　　　安全型

需要經常表達關切

安全型　　　　　　焦慮型

需要適當保持距離

安全型　　　　　　迴避型

相互猜疑

焦慮型　　　　　　焦慮型

具有致命吸引力，但衝突難以調和

焦慮型　　　　　　迴避型

讓我靜靜

迴避型　　　　　　迴避型

結語　當我們進入戀愛關係，自身的依戀系統就會被激活。我們會清楚地看見自己是誰，在怎樣的愛的哺育下長大，又是怎樣去愛一個人。更多的覺察與反思，能夠幫助個體重塑自己的依戀類型。五年以上的戀愛關係，也會讓關係中的雙方悄然地出現改變。願每個人都能夠接受愛、給予愛，投入到關係當中，跳一曲美麗的雙人舞。

3.4 為何只在父親節，才會重視他？

● 失落的父親角色

父親的意象是山，
母親的意象是水。

孩子與父母的關係主要建立在……

與母親的關係建立在母
親的撫養和敏感之上。

與父親的關係更多建立
在活躍的遊戲之中。

精神分析與行為主義均強調母親在社會性發展
中的作用，母親常被描述為主要撫養者，父親
似乎只起到有限的作用。

● 父親的三重程序

現代社會的父親危機，大多緣於
對父親身份的窄化認識。
父親不斷地重複以下三種程序，
成為了一架機器：

程序一 賺錢養家

低目標──不做失敗者
高目標──成為李嘉誠

程序二 提供庇護

爸爸，爸爸，我們去哪裏玩呀？
有我在就天不怕地不怕。

程序三 設立家庭規範

少年十八禁「不行！不可以！」

他的其他功能被削減了，重要性也隨之被低估。

● 重要的父親

家庭是一個整體、一個系統，父親在家庭教養中有不可替代的作用。
心理學家麥可·蘭波指出：

安全的第三者

父親幫助孩子從心理上與母親分離，走向外部的探索。

0-5 歲

權威典範

父親教導孩子控制自己的衝動，學習法律和規範。

6-12 歲

性別角色的引導者

男孩從父親那裏模仿、學習男子漢的氣概；女孩則從父親那裏學習與異性交往的經驗。

13-18 歲

扮演精神導師的角色

父親向孩子傳遞生命的意義和價值感。

19 歲後

結語

人們一旦談起父親，就會聯想起「山」的意象。山川沉斂有力，是一種有距離的穩定存在。有時，父親確實不如母親那樣讓我們感覺到親密，當他收斂着自己的情感，以完全不同的方式來表達關愛時，你能準確接收到他發出的訊息嗎？你又準備如何回應？

「謝謝你，謝謝你作為我的父親而存在。」

3.5 喜歡和愛，究竟有甚麼區別？

●喜歡是摘花，而愛是澆花

喜歡與愛不一致的兩種情況：

> 我喜歡你，但是我不愛你。

> 我愛你，但我不喜歡你。

One Day

「備胎」就是這樣誕生的。

電影《情約一天》裏面的那對絕世
好友，還有互不相見的兄妹。

● 喜歡可以是很多人，愛卻只能是一人

「喜歡上」其實沒有那麼浪漫

有時你喜歡一個人，只是因為……

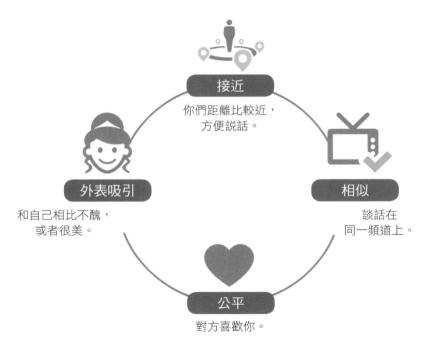

接近
你們距離比較近，
方便說話。

相似
談話在
同一頻道上。

公平
對方喜歡你。

外表吸引
和自己相比不醜，
或者很美。

「真愛上」必須有浪漫

心理學家羅伯特・斯騰伯格（Robert Sternberg）認為：
真愛是激情、親密、責任的完美組合。

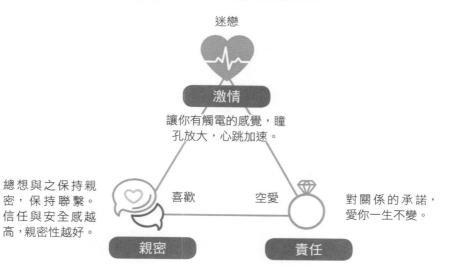

迷戀

激情

讓你有觸電的感覺，瞳
孔放大，心跳加速。

總想與之保持親
密，保持聯繫。
信任與安全感越
高，親密性越好。

喜歡　　　空愛

對關係的承諾，
愛你一生不變。

親密　　　　　責任

只有親密存在時，是喜歡；只有激情存在時，是迷戀；
只有責任存在時，是空愛。
所以，喜歡是沒有性慾的，愛卻有。

● 喜歡是愛你的身體，愛是喜歡你的靈魂

芝加哥大學的研究發現：

愛人會把更多目光放在你的臉上

而炮友一般會更多注視你的身體

喜歡是互相捉弄的歡樂，愛是將黑歷史理想化

當我們喜歡一個人的時候

我們注重歡樂與信任。

當我們愛上一個人的時候

我們會將對方理想化，這時對方的甚麼都是美的，
且容易產生自卑的情緒。

喜歡是分享後哈哈大笑，愛是有了軟肋與鎧甲

心理學家齊克 · 魯賓（Zick Rubin）表示，愛有三點是喜歡沒有的。

1 上癮般的倚賴
需要知道愛人的各種訊息

2 專屬的士兵
愛人有困難第一個趕到

3 不能被共享的獨佔慾
看見愛人與他人玩耍，就像看見世界末日

●喜歡讓我們開心，愛讓我們發神經

喜歡與吸引是多巴胺（Dopamine）與去甲腎上腺素（Noradrenaline）的作用結果。

(Noradrenaline)

喜歡與吸引

(Dopamine)

BUT

心理學家海倫·費捨（Helen Fisher）發現催產素（Oxytocin）是愛情專屬激素，它一方面讓戀人相互信任、相互理解，另一方面讓他們更容易猜忌、嫉妒和產生敵意。

This is LOVE (Oxytocin)

> 還有人會把催產素的化學式紋在身上哦

結語 喜歡是乍見之歡，愛則是久處不厭。

喜歡是自由發展，愛則是心甘情願。

喜歡是找到知音，愛則是找到歸屬。

喜歡可放肆，是愛就要克制。

你準備好了嗎，是去愛一場，還是去喜歡？

在你們心裏，喜歡是甚麼，愛又是甚麼呢？

寫下來，讓他／她看見。

3.6 做娘娘腔、男人婆是怎樣的體驗？

●社會性別差異

下面兩個問題，請務必認真回答

A

Q1：你是男人還是女人？

A. 男人 **B.** 女人 **C.** 其他

B

Q2：你是男性化的還是女性化的？

A. 男性化 **B.** 女性化 **C.** 其他

～～～～～～～～～～ 我是嚴肅的分割線 ～～～～～～～～～～

性別差異 ≠ 性別認同差異！

性別認同差異是由文化和教育引起，
兩性在社會和心理上有差異，或者叫社會性別差異。

● 獲救的娘娘腔及男人婆們

20 世紀 70 年代以前，行為科學家們普遍認為，人們的性別認同不是徹底的男性化就是徹底的女性化。

為了達到心理健康的最佳狀態

男人應該盡可能表現出男子氣概。

女人應該盡可能有女人味。

這種傳統的一維性別模式受到了安妮·康斯坦丁諾普爾（Anne Constantinople）的挑戰。她指出，男性化和女性化應該成為衡量人類性別的兩個獨立維度。一個人可以同時兼具男性化及女性化的特徵。

二維觀

低女性化
（男人婆） ⟷ **高女性化**
（女神）

低男性化
（娘娘腔） ⟷ **高男性化**
（硬漢）

這一觀點解放了大批的「娘娘腔」及「男人婆」們，他們總算可以放下對自我的懷疑，不必再去擔心自己是一個「不值得被愛、怪異的人」。

● Bye！簡單粗暴的兩性定位

當然，娘娘腔及男人婆始終是一種標籤，真實的「人」要比之複雜百倍。斯坦福大學的桑德拉‧貝姆（Sandra Bem）提出了「雙性化」（Androgynous）一詞，她通過貝姆性別角色量表（BSRI）來測量人們的雙性化特徵。

> 結果發現，大多數人既不是「百分百男生」，
> 也不是「百分百女生」。

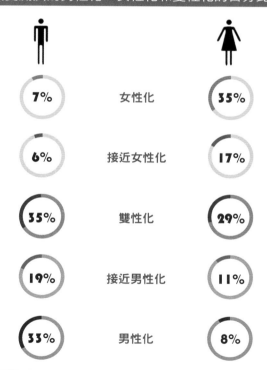

接受測試的男性化、女性化和雙性化的百分比

	男		女
女性化	7%		35%
接近女性化	6%		17%
雙性化	35%		29%
接近男性化	19%		11%
男性化	33%		8%

是時候華麗轉身了！

工具性特質	表達性特質
自信 獨立 有抱負 領導力 果敢 （不僅限於男性）	熱情 溫柔 有同情心 親切 敏感 （也不僅限於女性）

低表達性的人很難表現出溫柔和熱情。

舉個例子

> 低工具性的人往往不如那些
> 高工具性的人自尊程度高和適應能力強。

再舉個例子

這個項目誰來挑戰一下？

呀，千萬不要選中我。

> 雙性化的人在兩種情況下都可以駕馭自如。

舉兩個例子

我感冒了。

Baby，咁慘慘豬……
我放工立即去看你。

這個項目誰來
挑戰一下？

我！

他們比傳統型的男女更快樂，心理調適能力也更強。

結語 分析心理學家榮格為雙性化塗上了浪漫的一筆。他認為，人們生來具有異性化的氣質傾向，這種傾向是潛意識層面的，通過遺傳方式保存下來。男性心中，存在着「阿尼瑪」（Anima）的女性意象，借助於此，他得以體會到女性的本質。女性心中，則存在着「阿尼姆斯」（Animus）的男性意象。人們一生都在尋找心中的那個意象原型，尋尋覓覓，失落又悵惘。直到他們終於在一個異性身上，體會到久違的、難忘的深情。

3.7 你我之間，只有一個謊言的距離

● 不可以說謊哦，不然鼻子會變長的哦～

我們生活在一個被謊言籠罩的世界裏

關於謊言的真實數據

一天當中，一個人被欺騙的次數從 10~200 次不等。

60% 的人在 10 分鐘交談中平均撒謊 2~3 次。

外向的人比內向的人撒謊次數多。

男人和女人的撒謊頻率差不多。

女人傾向於為了取悅對方而撒謊。

男人傾向於為了自吹而撒謊。（男人關於自我的謊言比關於別人的謊言多 8 倍。）

● 白色謊言是潛意識裏的脆弱呼喚

在這些層層疊疊的謊言中，有一部分特別的存在，就是白色謊言。白色謊言又稱「善意的謊言」，是基於利他動機而存在，是說謊者潛意識裏的脆弱呼喚。

● 鳥兒舔舐羽毛，人們整飾自我

印象管理（Impression Management），是指人們試圖管理和控制他人對自己所形成的印象的過程。人們通過印象管理的策略來整飾自我的面貌，竭力維持一種與當前社會情境相吻合的形象，以確保他人對自己做出正面的評價。

獲得性策略

試圖使別人積極看待自己的策略。

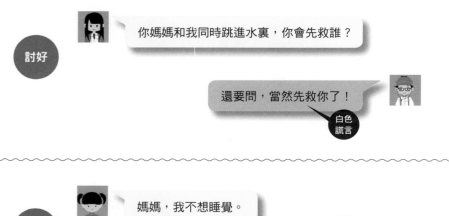

討好

你媽媽和我同時跳進水裏，你會先救誰？

還要問，當然先救你了！

白色謊言

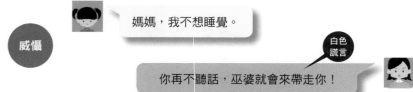

威懾

媽媽，我不想睡覺。

白色謊言

你再不聽話，巫婆就會來帶走你！

保護性策略

盡可能弱化自己的不足或避免使別人消極看待自己的防禦性策略。

昨晚的 WhatsApp 為甚麼已讀不回？

白色
謊言

合理化
理由

我剛剛才看到，不好意思。

自我妨礙

拖延症者，在很大程度上是熟知自我妨礙策略的人。拖延症則是由這種謊言所結出的「果實」。當一件事的成敗結果不確定時，他們會在做這件事的過程中自行設置障礙，從而為隨後的結果提供一個外部的解釋理由。

不是不想做，而是沒有足夠時間去做。

要是我像誠哥那樣努力，
我一定比他更出色！

●由 Lie 走向 Believe

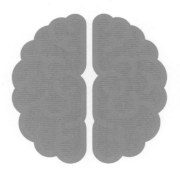

謊言幾乎成了人類生存的必備品。物種智慧越高，大腦皮層面積越大，就越有可能說謊。

一些工具或許能夠幫助人們來識破謊言：眼球追蹤儀、紅外線腦部掃描儀、核磁共振成像技術，還有與微表情識別相關的影片及書籍……

但你又如何馴化一顆敏感、脆弱的心的主人，令他關上謊言的門，永遠對你吐露真情？

愛和情感可能是與飢餓和口渴一樣強烈的基本需要，或是比它們更強烈。相比能提供食物的「鐵絲媽媽」，幼猴更願意依戀着「絨布媽媽」，在那裏體會到安全和信任感，無所顧忌地自在玩耍。

更依戀

長大之後，每個人都在尋找這樣的依戀關係：在一個讓我們感到足夠安全的懷抱裏，展露真實的自我。

結語 謊言搭建起世界的基本框架，紅男綠女遊走其中。有時候，謊言所折射的光芒，幾乎令人眩暈。但如果你真正見過白晝，擁抱過真實所帶來的親密感，你會開始想念那個明亮的世界。

PART 4

・失效的連接・

有「病」症候群

與其說人人都有病，

不如說許多「病症」都源於我們的不了解。

有些「病」，不能放棄治療，

有些「病」，僅僅只是不同。

4.1 抑鬱症這隻黑狗

● 抑鬱症是一種常見的心境障礙

當同時滿足心境低落和以下任意四種症狀，且抑鬱發作持續兩週以上，即可能被診斷為抑鬱症。

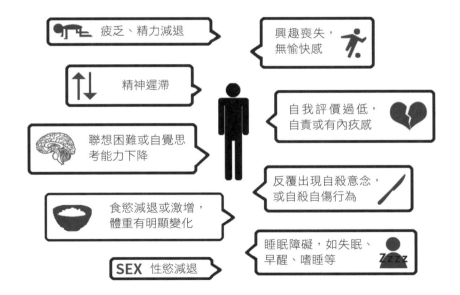

疲乏、精力減退

興趣喪失，無愉快感

精神遲滯

自我評價過低，自責或有內疚感

聯想困難或自覺思考能力下降

反覆出現自殺意念，或自殺自傷行為

食慾減退或激增，體重有明顯變化

睡眠障礙，如失眠、早醒、嗜睡等

SEX 性慾減退

驚人的數據

3.5 億

70.57 億人口

全球約有 3.5 億抑鬱症患者，最嚴重時，抑鬱症可導致自殺。

40%

大約 40% 的抑鬱症患者有遺傳傾向。

抑鬱症的終身患病率

女性約佔 25%

男性約佔 12%

約有 10-15% 的女性在產後半年內伴有抑鬱症狀，懷孕期間抑鬱患病率更高。

60% 的自殺者此前處於抑鬱狀態

全球每年因自殺而死亡的人數高達 100 萬人，平均每 300 秒就有一人自殺。

90% 自殺者有心境障礙

抑鬱症不是

抑鬱症是

一種選擇

它就那樣出現了。當它出現時,就像一場心靈感冒,可以奪取任何人的健康。

單純的「心情不好」

它是一種疾病,有生理與生物學根源,與多巴胺、去甲腎上腺素、血清素的分泌異常有關。

一種情緒

它是一種眾多情緒感受失常的併發狀態。包含的不僅僅是沮喪或哀傷,還包括低落、疲倦、焦慮、自責、絕望等。

由單一因素所致

有很多可能的起因,包括大腦對於心境的錯誤調節、基因易損性、生活中的壓力事件、藥物以及藥物濫用問題等。

提供有效的陪伴

抑鬱症意味着缺失，沒有感受、沒有回應、沒有興趣。對抑鬱症患者來說，日子是灰暗的，他們失去了活力，甚至也一點點地失去了家人的陪伴與支持。

DO NOT　不，不要讓那個支持系統坍塌。不要告訴他……

想開點。

別鑽牛角尖。

你太脆弱了。

DO　給他一個擁抱

你看起來正在經歷一件糟糕的事情，我想讓你知道，我會一直在這裏，陪伴着你。

結語　對抑鬱症患者來說，可能會長期生活在「變好」和「治癒」之間的狀態。當無法驅散內心的那隻黑狗時，不妨釋然，微笑着對那隻黑狗說：「嗨。」

4.2 自閉症者，孤獨得像一顆星球

● 遲來的認識

自閉症作為一種具有生物學基礎的廣泛性發展障礙，起病於嬰幼兒早期，影響一生。

1943 年

美國利奧·坎納（Leo Kanner）教授發表論文《情感交流的自閉性障礙》，最先報告了關於自閉症的詳細研究。

從那時起，自閉症才開始被科學界所定義，慢慢進入人們的視野中。至今，僅有七十餘年的歷史。

● 龐大的數據

自閉症的發生率大約為 1/100，每 100 個人中，至少有一個是自閉症患者。

男性的發病率高於女性，比率大約為 4:1。

全球約有 6700 萬自閉症患者

全中國自閉症患者達 900 萬

其中包括 200 萬兒童

根據美國疾病監控與預防中心的數據，自閉症的患病率在快速增長。

● 被放逐的群體

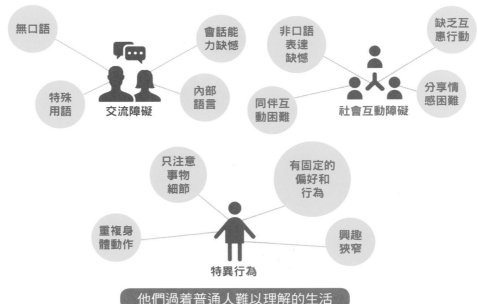

無口語

會話能力缺憾

非口語表達缺憾

缺乏互惠行動

特殊用語

交流障礙

內部語言

同伴互動困難

社會互動障礙

分享情感困難

只注意事物細節

有固定的偏好和行為

重複身體動作

特異行為

興趣狹窄

他們過着普通人難以理解的生活

眼神空洞，似乎目不見物；
表情呆滯，似乎耳不能聞；
行為刻板，像鐘擺一樣重複⋯⋯

他們活在自己的世界裏，與外界隔離，
就像被永遠地放逐了。

●無法觸碰的陌生世界

不是每一個自閉症者都擁有奧斯卡
最佳電影《手足情未了》中雷蒙·
巴比特那樣的超強大腦。

事實上，自閉症群體中大約 75%
人伴有智力障礙。

75%

他們難以觸碰這
個陌生而廣大的世
界，經常活在恐懼之
中，伴隨着焦慮、憤
怒，甚至抑鬱。

他們借助「自
我刺激」行為，
來慰藉內心，求
得平靜。

● 艱難的處境

自閉症的病因尚未清晰。一般認為，自閉症與下列因素有關：

遺傳

感染

孕期理化因子

免疫系統

目前還沒有發現治療自閉症的有效手段。通過行為康復訓練，一些自閉症孩子能夠具備參與社會生活的能力。

80% 的家庭需要自行承擔高昂的費用。

1/3 的家庭幾乎將全部收入用於康復訓練之中。

結語

每年的 4 月 2 日是世界自閉症日，全球各地有 6700 萬顆星星，在這一天因他們微弱的光芒彼此相連而被「看見」。但當這一天消逝，夜幕下孤獨的人，或許仍將重新棲於黑暗之中。上帝關上了一道門，他們失去了與外界的天然連接。如何真切地了解他們？如何真正地幫到他們？在一重一重的距離之外，如何才能傳遞出你的善意與溫柔呢？

「我知道，你只是跟我不一樣。」

4.3 我有公主病，我任性怎麼啦？

●「公主病」是甚麼鬼？

看上去	實際上
萌萌的	心理年齡滯後於實際年齡
任性自我	自我膨脹
愛 Show off	明顯自戀
扮無辜	有問題的一定是別人
只想做個安靜的美女	缺乏責任感
EQ 低	感受他人情緒的能力較弱

● 三類「公主病」

控制型公主

喜歡控制及影響周圍的人，
做事刁蠻任性

容易發展成閃離族

依賴型公主

缺乏自理能力，多依賴他人，
社會適應力較差

容易發展成啃老族

創傷型公主

童年受過創傷，感受他人的
能力較低，性格偏向男性化，
較強攻擊性

容易發展成暴走族

●我不認我有公主病呀

公主病 = 公主候群症

與其說公主病是一種病，不如說是症候群，主要表現為

性格方面的缺陷

人際交往方面的障礙

對生活產生影響，但並不是直接的。

《精神疾病診斷與統計手冊》沒有關於公主病的描述。

公主症候群 ≠ 彼得・潘症候群

彼得・潘症候群俗稱成人幼稚病，是指那些即使年紀已經很大，但行為與個性卻還表現得像小孩子的人。

 ➡

公主症候群
自我感覺過
於良好

彼得・潘症候群
不願長大

● 有愛就任性？

「公主病」大多是家庭教養的產物

女孩要富養

寵她愛她

小公主們得到的正向反饋一般遠遠大於負向反饋，這使她們形成了「以自我為中心」的行為模式。

長大之後，她們無法積極應對外界的負向反饋，會選擇用逃避或者強力反抗的方式來緩解人際壓力。

我不羨慕別人比我成熟，那是因為一路走來，他們遇見的壞人比我多。

逃避

你說不要做，我就偏要做！

強力反抗

結語 成人之後，你失去了扶持與依靠，需獨自經歷生活的波瀾。他人未必如你所願，世界也未必如你所想。偶爾發一場公主的夢，也算是一個善意的寬慰。但若時時沉浸其中，以自戀為半徑去畫人生的圓，那麼你就會受困於這個圓中，不得解脫。

4.4 關於腐女的那些事兒

● 現在我們來談談腐女

腐女是「腐女子」的簡稱，是由同音的「婦女子（ふじょし FUJOSHI）」轉化而來的，「腐」字在日文有無可救藥的意思，而「腐女子」專門指稱對於男男愛情（Boy Love，BL 系）作品情有獨鍾的女性，通常是喜歡此類作品的女性之間彼此自嘲的講法。

● 大眾對腐女的那些誤解

腐女就是希望男人都搞基？

大部分腐女對現實中的男同性戀不感興趣，她們關注的只是美男子間的感情。

大部分腐女對同性戀表示理解和支持，純顏控的被稱為偽腐，常常會嘲諷美型度不高的Gay。

腐女都是同性戀？

絕大部分的腐女都是……

媽，我要嫁他！

喜！歡！男！人！的！

●腐女為何鍾愛男男戀？

滿足女性的審美需求

腐女看 BL 作品，更多是從審美的角度欣賞男性角色，反映的更多是青春的衝動。

女卑 or 女權？

女卑說

厭女情結

腐女把言情女主假想為爭奪完美男主的競爭者，在 BL 作品中，沒有女主這一角色的設定消除了腐女們心中的競爭焦慮。

大男子主義

腐女表現了男權社會對女性身份的厭惡，這在某種程度上反映了女性的自卑心態。

女權說

對兩性平等關係的深層需求

傳統異性戀

男性角色處於主導地位，而女性角色多處於弱勢、從屬的地位。

主導

從屬

BL 作品中

愛情雙方性別處在一個平等的地位，反映了女性訴求的理想平等關係，是一種自我意識的映射。

安全的性幻想

在東方家庭的教養文化背景下，性教育開放程度不高。而在 BL 作品裏大量的性描寫中，因為沒有女性角色的代入感，女性能成功欺騙自我意識的「審查機制」，使自己處於一個相對安全的位置，滿足了對性知識的探求，同時能避免感到羞恥和尷尬。

對純粹愛情的追求

同性之愛會有更多的阻礙。可以説是與現在「繁殖戀」相反，越是困難的愛情越顯得淒美，反映女性內心追求一種更為純粹沒有限制的愛情。

挑戰世俗倫理

拋開傳宗接代的責任

結語

每個存在的現象都有其合理性，我們也不必把腐女妖魔化。説到底，其實腐女只是一個在二次元或幻想世界裏獲得愉悅的群體。除了她們能瞬間判斷每一件事物的攻受屬性（主動和被動）之外，其實和你、和我都沒有甚麼不同。説不定，此刻坐在你隔壁的女孩，正是一個腐女哦！

4.5 「中二病」心理說明書

●每個大人都做過小孩

你還記得中學二年級時的那個懵懂的你嗎？
那時候你覺得，自己的未來一定是閃閃發亮的，直到……
你終於成為乏味無聊的大人。

30kg 的書包

不可一世的心

老土的校服

● 成人的視角：你中二！你有病！

中二病最早是由日本搞笑藝人伊集院光在廣播節目中提出的，用來形容青春期的少年過於叛逆、自以為是的獨特言行。處於青春期的少年，狂熱地強調個性，擁有膨脹的自信心與強烈的自我表現慾，幾乎呈現出一種病態。

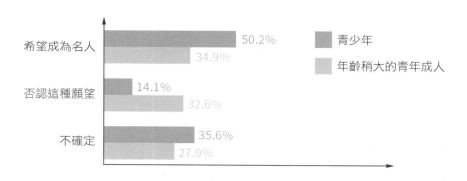

一項全國性調查顯示：

希望成為名人　50.2% / 34.9%

否認這種願望　14.1% / 32.6%

不確定　35.6% / 27.9%

青少年
年齡稍大的青年成人

●心理學的視角：中二不是病！

你說我是「中二病」，我不認同，因為

中二不是病！

中二是青春期正常的心理表徵，符合青少年自我發展的一般特徵。

自我意識突然高漲

自我意識指個體對自己身心活動的覺察，
即自己對自己的認識，其發展有兩個飛躍期。

1-3 歲
兒童可以用代詞
「我」來標誌自己

11-15 歲
青春期（初中時期）

青春期的少年在個性上存在主觀偏執

我沒錯，千錯萬錯都是你的錯！

總以為自己是對的

你冷酷你無情你無理取鬧！

總認為別人在挑剔自己

出現逆反行為

生理因素：中樞神經系統的興奮性過強

 在青春期初始階段，與性相關的中樞神經系統的活動明顯增強，但性腺機能尚未成熟。個體的中樞神經系統處於過分活躍的狀態，對於周圍的各種刺激都會過分敏感，反應強烈。青春期的孩子恰巧在「心理斷乳期」的裂縫中掙扎，他們渴望從父母的臂膀中走出，擁有自己的獨立空間。

 心理斷乳期（12-18 歲）
呼喚獨立

出現「假想觀眾」

「假想觀眾」是青少年「生長爆發期」特有的心理。

我就是宇宙的中心

他們認為所有人都在關注自己，對自己的行為和想法充滿興趣。

結語 誰不曾在中二的青春期，做過一場美夢？哥白尼的「日心說」讓我們知道地球不是宇宙的中心。中二期過後，我們也早已知道，自己不是那拯救地球的英雄。沒關係啊，這就是成長。一起向年少的自己致謝吧！

謝謝你，
曾經那樣叛逆

4.6 你好，我是你們眼中的「宅宅」

● 可怕的不是社交，是高焦慮

> 焦慮並不是一無是處的大壞蛋，
> 當焦慮過高時，我們會緊張、害羞、尷尬和大腦一片空白。

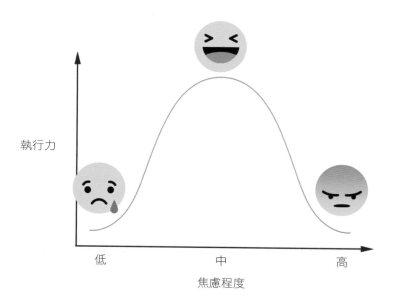

●怕社交不等於內向，也不等於害羞

內向 害羞

內向與害羞有本質區別

1

內向者是我好累

害羞者是我好怕

內向者喜歡獨自活動，從獨處中獲得能量，從社交中消耗能量。

害羞者是指應付不熟悉的人事環境有困難傾向的人。

內向者是有恃無恐

內向者的大腦神經對社交反饋不強，覺得一個人也很好，當要求他們社交時，他們會感到煩惱的。

②

害羞者是一直騷動

害羞者有社交的慾望，但擔憂別人的負面評價或不好的結果，內心是糾結的。

③

內向者是知音三五個

內向者有自己小小的朋友圈，相互之間能傾聽、訴說、吐槽、玩樂。

害羞者是望月對影成三人

害羞者難以建立親密關係，即使面對熟人也會「紅到面晒」。

害羞可以作為社交焦慮的初始化

社交恐懼對別人的焦慮感比害羞更持久、更強烈，嚴重影響工作和學習。甚至會一時間心率加快、顫抖、眩暈、想吐。

診斷標準

作為焦慮障礙的一種，社交恐懼需要符合各種精神疾病診斷與統計手冊《DSM-V》、《CCMD-3》、《ICD-10》的診斷標準。

● 哪些社交圈圈最可怕？

在人前吃吃喝喝

在人前工作、寫東西

在人前演講

成為關注焦點

與人三三兩兩地談天

打電話

問問題

● 怕社交是病？你才有病……

新近的研究表明，社交恐懼症不一定需要治療。患社交恐懼症的人，表現出特殊的社交認知能力，更容易感知他人的情緒並受他人情緒的影響，能更準確地判斷出他人的心理狀態。

●但是，如果你一定想治療……

學習放鬆術。

學習一些
必要社交技能。

找醫生開
抗焦慮的藥物。

滿灌療法：
把你丟進人群裏，
以毒攻毒。

脫敏療法：
從你最願意
接近的人開始。

認知療法：
打斷你的惡性
循環思維迴路。

結語　人是群體動物，似乎沒有人能真正活成一座孤島；人又是需要獨處的動物，因為只有處理好與自己的關係，才能更好地與外界相處。熱愛死宅的你，是那朵內向安靜的白蓮花，還是心有餘而力不足的社交困難星人？如果你注定是藝術型的觀察者，不如小心保護那份敏感又天真的小心思，別強迫自己社交而破壞了它。

PART 5

·有效的連接·

用心理學 改變生活

正確地運用心理學，

我們會有更好的生活。

世界的模樣，

取決於你凝視它的目光。

5.1 你看到的外界，都是你內心的樣子？

●外面沒有別人，只有你自己

投射是一種「以己度人」的心理傾向，指把自己的感情、意志、特性、態度等加到其他對象的身上，從而遮蔽了客體的真實面貌。

這種傾向通常是無意識的

於是——
失戀「總」在下雨天，
你討厭的人「恰巧」也很討厭你。

● 不知不覺你就投射了

相同投射

老師眼中的選擇題。
A 是錯的 B 是錯的 D 是錯的
所以選 C 咯。很簡單。

願望投射

單身狗想要在情人節前結束單身。
「隔離位的漂亮女同事今天多看了我一眼，
她是不是對我有意思啊？」

情感投射

電影《月光寶盒》夕陽武士不喜歡孫悟空，
越看他越不順眼。
「那個人好討厭哦，看起來好像一隻狗哦。」

●噓，不能「說」的秘密

很多時候，人們對自己的真實想法諱莫如深。借助中性的客體，
卻可以吐露真情。這就是「投射」技術的強大運用。

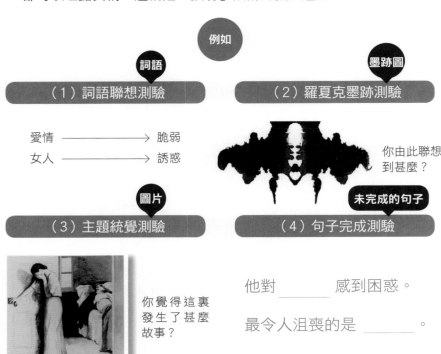

例如

詞語

（1）詞語聯想測驗

愛情 ———————→ 脆弱
女人 ———————→ 誘惑

墨跡圖

（2）羅夏克墨跡測驗

你由此聯想
到甚麼？

圖片

（3）主題統覺測驗

你覺得這裏
發生了甚麼
故事？

未完成的句子

（4）句子完成測驗

他對 ＿＿＿＿＿ 感到困惑。

最令人沮喪的是 ＿＿＿＿＿。

很久很久以前，一位老人家告誡我們：

己所不欲，勿施於人

很久很久以後，心理學家告誡我們進行每日三省：

吃了嗎？愛了嗎？投射了嗎？

這種自省是一種警覺。世界那樣荒誕，你怎麼知道自己是不是生活在真人 Show 之中？倘若知道的話，你又是否有勇氣撕開現實的偽裝，放下對他人的投射，來一次次徹徹底底的攤牌？

來吧，寫下你認為自己最為荒誕的一次「投射」！

Dare or not ？

5.2 白日夢還是要有的，萬一實現了呢？

● 不是在做夢，就是在做白日夢

白日夢是意識的自發漂移狀態，通常表現為漫無邊際的遐想。

每隔 90 分鐘，白日夢便在人的腦海裏翻騰一次。

人們在清醒之際，至多有 1/2 的時間在做白日夢。

白日夢出現的高峰期是 12:00-14:00，這段時間人的體溫最高。

● 白日夢到白日夢想家

白日夢出現的頻率可能受到下列因素的影響：

從白日夢到白日夢想家，相差一個醞釀效應的距離。

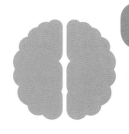

對非專注狀態下的腦部掃描結果顯示

白日夢活動涉及大腦中的「默認神經網絡」，其功能之一是搜索和整理記憶，把錯亂的板塊拼接成完整的地圖。

阿基米德在舒適的大澡盆裏發現了浮力定律。

牛頓在花園裏散步，從一顆掉落的蘋果上發現了萬有引力定律。

思維定勢與功能固等心理因素會阻礙解決問題。

白日夢恰巧可以成為一個解決干擾的契機。

人們從複雜的事務中抽離出來，暫時停止積極探索問題，反而會對解決問題起到關鍵作用，這就是醞釀效應。

結語

在這個迷人又荒謬的時代裏，忙碌是忙碌者的墓誌銘，偷閒是偷閒者的通行證。當忙碌幾乎成為一種人人皆有的「強迫症」時，不妨讓思維偶爾出來走走，就像是繁複畫面裏的一處留白。「春有百花秋有月，夏有涼風冬有雪。若無閒事掛心頭，便是人間好時節。」

5.3 你了解自己的溝通模式嗎？

● 薩提亞的溝通模式

維琴尼亞・薩提爾是家庭治療的重要創始人之一。

她指出人群當中，無論人們的真實想法及感受是怎樣的，總會出現以下五種溝通模式。

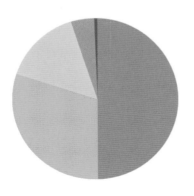

50%　討好型

30%　指責型

15%　超理智型

4.5%　一致型

0.5%　打岔型

你喜歡我今天的打扮嗎？

討好型

喜歡呀，喜歡呀！

習慣性 Like

一致型

我覺得呀……

如實地表達自我的感受

指責型

你今天的裝扮搞甚麼鬼？！

習慣性 Dislike

打岔型

唔，今天的天氣不錯啊～

表現得若無其事，淡定自如

超理智型

根據國際流行學的分析報告，你今天的裝扮在 xx 維度上……

即不 Like 也不 Dislike，他們不會給出關於自我真實感受的任何線索。

● 掩飾、壓抑或扭曲

薩提亞將這種互動模式稱為溝通姿態，即個體在壓力狀態或分歧
狀態下，面對他人、情境及自身所做出的習慣性的反應。以下四
種溝通姿態都在掩飾、壓抑或扭曲自我的情感，不願坦露感受，
而是用一些方式去遮掩它。

討好型的人忽略自身

內在恐懼　「沒有人喜歡我，我是沒有價值的人。」

應對方式　「如果我喚起你的內疚，你可能會寬恕我。」

指責型的人忽略他人

內在恐懼　「我很孤單而且失敗。」

應對方式　「如果我讓你憂慮，你可能會聽從我。」

打岔型的人忽略他人、情境及自身

內在恐懼　「沒有人在乎或關心我。」

應對方式　「如果我讓你想開玩笑，你可能會容忍我。」

超理智型的人忽略他人及自身

內在恐懼　「我容易受到傷害和攻擊，我不能露出任何感覺。」

應對方式　「如果我使你嫉妒，你可能會支持我。」

● 一致型溝通

上述不一致型的溝通姿態本身並無對錯，但若固着在某種模式裏，就會損害到與他人建立情感聯結的能力。一致型的溝通意味着承認自己所有的感受，如實地表達出來，且兼顧到他人與情境。

這包括三個層次：

接納感受

深入覺察

身心合一

我們不一定每時每刻都做出一致型的反應，但可以有意識地選擇五種溝通姿態，允許自己從慣性模式切入到自由選擇的狀態裏。

結語 世界因參差多態而美，不同的表達方式背後，呈現出有個性的「人」。你必定會感到孤獨，因為他人與你想象的不同。但這種種不同卻能牽引你走出自我的世界，去嗅陌生小徑上的一縷花香、舀取陌生河流裏的一道水紋。這正是孤獨所創造出的東西，也是「人」字的意義。

5.4 六個簡單姿勢，點燃你的小宇宙

心理學家埃克曼（Ekman）曾發現表情對心情的逆作用。其實，不僅僅是表情，還有各種日常生活中你可能忽略的姿勢，也會對心情產生逆作用。

1 站得囂張跋扈，可以恢復你的精力

研究發現當我們舒展身體，打開手臂，展開大腿，站上一分鐘，能讓自己恢復 HP。

HP ████████████████████████

MP ████████████████████

AP ████████████████

2 繃緊肌肉，
可以增強你的意志力

研究發現，當我們緊繃
肌肉的時候……

我們能更好地抵御疼
痛，分散注意

甚至是抵擋美食的誘惑

3 雙手抱臂，
可以提高你的耐力

如果我們被一個問題卡
住，需要耐力，這時不
如做出雙手抱臂的姿
態。心理學家弗里德曼
（Friedman）的研究發現，
處於這個姿勢的小夥伴，
堅持玩字謎遊戲的時間是
一般人的兩倍，而且，他
們的正確率也更高。

U	O	A	R	O	N	G	A	R	E
C	O	P	J	A	J	H	C	I	A
O	D	U	W	G	H	Z	F	I	O
U	H	S	M	V	U	Q	P	T	A
P	B	V	H	F	D	E	A	T	U
L	Z	A	W	E	G	I	O	K	J
H	E	U	W	H	E	B	U	Q	D
A	E	Y	I	O	C	P	D	S	O
A	P	P	L	E	D	J	S	O	E
I	O	S	H	I	R	L	E	S	S

＊亂編的遊戲，別認真玩起來喲

4 躺下來，可以叫醒你的頓悟

頓悟，是苦思一個問題良久，突然找到解決方法的時刻，也就是「啊哈！」的體驗。

當我們冥思苦想一個問題卻總找不到靈感時，不如躺下來放鬆一下，這樣也許能讓我們更快找到解決方法。

5 小睡一會，可以提高你的學習效率

真的不會睡着？

小睡的時間很重要，太長太短都不好。研究發現，小睡十分鐘最有效，在提高我們的效率、活力以及覺醒狀態上有立竿見影的效果。

| 6 | 模仿別人的樣子，可以提高我們的同理心 |

模仿別人的樣子、口音、姿態、表情等等。研究表明如果這麼做，你往往能體察到對方的情緒。嗯，演員通常都是這麼做的！

結語 大腦就像是一粒薯仔，只要把訊息加工，它就不知道訊息來自哪兒，也不想知道。所以，使用身體反饋，給它一點虛假的信息，點燃你的小宇宙吧！

世界的模樣
取決於你凝視它的目光

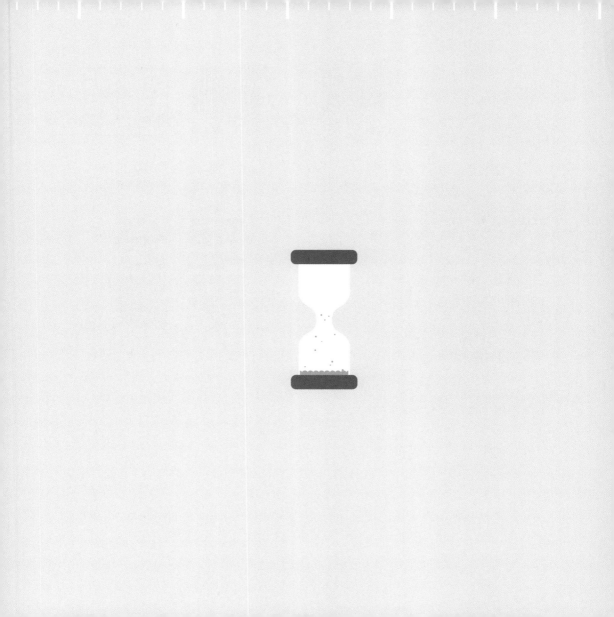

編　著　壹心理

責任編輯　林雪伶
裝幀設計　明志、立青
排　　版　明志
印　　務　劉漢舉

出版
非凡出版
香港北角英皇道 499 號北角工業大廈 1 樓 B
電話：（852）2137 2338　傳真：（852）2713 8202
電子郵件：Info@chunghwabook.com.hk
網址：http://www.chunghwabook.com.hk

發行
香港聯合書刊物流有限公司
香港新界大埔汀麗路 36 號
中華商務印刷大廈 3 字樓
電話：（852）2150 2100　傳真：（852）2407 3062
電子郵件：info@suplogistics.com.hk

印刷
美雅印刷製本有限公司
香港觀塘榮業街 6 號海濱工業大廈 4 樓 A 室

版次
2017 年 3 月初版
2018 年 3 月第二次印刷
©2017 2018 非凡出版

規格
170mm x 170mm

ISBN
978-988-8463-35-0

圖解超

心理學 一分鐘

《一分鐘心理學》
Copyright © 2016 by 壹心理
All Rights Reserved
本書繁體字版由中國人民大學出版社
授權出版。